문학과지성 시인선 625

내가
시인이었을 때

마종기 시집

문학과지성사

문학과지성사에서 펴낸 마종기의 시집

안 보이는 사랑의 나라(1980)
모여서 사는 것이 어디 갈대들뿐이랴(1986)
그 나라 하늘빛(1991)
이슬의 눈(1997)
마종기 시전집(1999)
새들의 꿈에서는 나무 냄새가 난다(2002)
보이는 것을 바라는 것은 희망이 아니므로(시선집, 2004)
우리는 서로 부르고 있는 것일까(2006)
하늘의 맨살(2010)
마흔두 개의 초록(2015)
천사의 탄식(2020)

문학과지성 시인선 625
내가 시인이었을 때

초판 1쇄 발행 2025년 10월 10일
초판 2쇄 발행 2025년 10월 30일

지은이 마종기
펴낸이 이광호
주간 이근혜
편집 윤소진 김필균 허단 유하은 조아혜 최은지 김다연
마케팅 이가은 허황 최지애 남미리 맹정현
제작 강병석
펴낸곳 ㈜문학과지성사
등록번호 제1993-000098호
주소 04034 서울 마포구 잔다리로7길 18(서교동 377-20)
전화 02)338-7224
팩스 02)323-4180(편집) / 02)338-7221(영업)
대표메일 moonji@moonji.com
저작권 문의 copyright@moonji.com
홈페이지 www.moonji.com

ⓒ 마종기, 2025. Printed in Seoul, Korea

ISBN 978-89-320-4463-7 03810

이 책의 판권은 지은이와 ㈜문학과지성사에 있습니다.
양측의 서면 동의 없는 무단 전재 및 복제를 금합니다.

문학과지성 시인선 625
내가 시인이었을 때

마종기

시인의 말

이 시집은 『천사의 탄식』 이후 5년 동안 쓰고 발표한 시를 모은 것이다. 그러니 여기에 있는 모든 시가 내 나이 팔십이 지난 후에 쓴 것들이다. 아직도 시라고 써내는 게 새삼 신통하다는 생각이 든다. 시를 읽어줄 당신께 감사한다.

2025년 10월
마종기

내가 시인이었을 때
차례

시인의 말

1부
해변의 디아스포라　9
그해의 사순절　10
동화사 가는 길　12
재두루미 한 쌍　14
통증의 기원　16
백두산 어지럼증　18
모기의 날　22
그 나라의 양지　24
바람의 이름으로　26
흰나비의 증언　29
발 씻는 남자　32
아바타를 떠나며　34
겨울의 응답　37
동생의 기일　40
입동 즈음에　42

2부

후기 현악사중주   47
첫사랑처럼   50
누이동생의 이별   52
그림자의 하루   54
늦가을 와온해변   57
큰일을 치르며   60
성묘 가는 길   62
먼 길   64
비밀의 마을   66
눈에 대한 소견   68
아침의 발견   73
두루미 한 마리   76
왕 중의 왕   78

3부

만년의 과수원   83
딴 방을 쓰며   84
우아한 나무   86
잡담 길들이기 23   88
잡담 길들이기 24   92
글피나 그글피   94
고군산군도에서   96
고군산군도에서 2   98
친구를 보내며   100
노을의 가족   102

약속　105
신화의 강　106
아르헨티나 무지개　108
하나개 바람　111
내가 시인이었을 때　115

산문
영웅이 없는 섬　117

해설
깊고 아름다웠던 날들의 기원·정끝별　131

1부

해변의 디아스포라

지난밤 긴 꿈이 아침까지 남아서
해변에는 지키지 못한 약속들 흩어지고
아침은 하늘까지 올라가
맑고 따뜻한 천지를 만드는데
이승에는 얼마나 많은 이가 이런 날
숨죽이며 아예 고개를 숙여버리는지
늦가을 전라도 순천만에 와서야
두 손에 묻은 비린 바람이
위로의 말을 내게 전해주네.
그 많은 억새들이 불러주는 노래가
떠도는 내 혼을 도닥여주네.

그래 이제 기억난다. 그해에
미국 동북부 뉴저지주 해변에서 만난
엉겨 모여 살던 억새도 같은 언어로
구슬피 노래하며 늪지대를 더 적시고
힘들게 산 날들을 지워버리던 날
내 나라의 고향에는 비가 내리고
늦가을이 가족처럼 나를 안아주었다.
같은 눈빛이라고 웃어주었다.

그해의 사순절

젊었던 날에는 햇살이 더 밝았다.
밝아서 모든 게 잘 보이지 않았다.
보이지 않아서 아무 데나 누웠다.
밤이 되어도 초목은 잠들지 않고
우리의 장래를 걱정하고 있었다.
정작 우리는 사는 것이 힘들고 피곤해
어디에 누워도 깨어나지 않기를 바랐다.

그리운 곳은 다 변해버렸다.
껍질을 벗지 못한 옛 모습의 몸은
모두들 떠난 것을 이제야 눈치챈다.
왜 모든 병이 창백한지를 배운다.
식물도 기억력이 있다는 중얼거림
숨어서 내 독백을 들어주는 이가
언제부턴가 주위에 있다는 걸 느낀다.

갈 곳이 없을 때는 차라리 혼자가 되어
언 땅에 머리 놓고 팬데믹을 친구 삼을까.
그래도 입안 가득 목마름은 살아 있구나.

목마름이 없으면 멀리 볼 수도 없으니
다음 생이 기다리는 것도 볼 수 없으니,

그럼 누가 제일 오래 견뎌낸 거지?
대한을 지나 돌아오는 봄날의 감촉,
아내를 피하고 아들을 피하고 나를 피하고
모두가 모두를 피해 도망만 다니다가
막다른 골목에서 만난 이 아침의 포옹.
너와 나 사이의 축복이고 희망인가.
기죽지 않고 감싸는 봄의 넓은 품인가.
수많은 추운 바람이 죽음들과 헤어지고
화해하는 사순절의 밝은 목소리가
고난의 시간을 지나 우리에게 오는구나.

동화사 가는 길

동화사 가는 길에 피어 있던 민들레는
아직도 그 큰 바위 옆에 살고 있을까.
잘 키운 새끼들 수많은 노란 얼굴이
내가 가면 반갑다고 다가와줄까.
70년 전 난리통에 점심은 못 먹어도
초여름 그 들길에 화사하게 피어 있던
들꽃과 바위와 산새 들과 시냇물,
그 안에서 자라던 내 어린 희망들이
지금도 오순도순 잘들 살고 있을까?

1952년, 열세 살짜리 신문팔이 피란민 학생,
그 신문에 내 동시 「동화사 가는 길」이
아직도 싱싱한 남도의 들길에 사는데
오늘은 고무신 신고 걷는 길 아니고
셔틀버스 시간표 보고 느긋이 앉아 가는
아니면 휴대폰으로 추적해 차를 몰고 가는
편하고 싱겁게 가는 가까운 포장도로.
긴 세월에 세상이 많이 변했다지만
내게 남은 것은 주름살 깊은 동화사.

아무래도 내가 다시 찾아 나서야겠다.
연한 초록빛 가슴 뜨거웠던 계획들이
지금은 정말 어디쯤에 살고 있는지?
혹시 함께 손잡고 살지 않아서인가,
내가 혼자 잘난 척 뛰어다녔기 때문인가.
아침 해 뜨고부터 해 질 녘까지
한발 한발 고개 숙이고 물어봐야겠다.

재두루미 한 쌍

아침나절 빈 들판을 산책하다 심심한 손으로 아직 잠들어 있는 풀 이슬을 깨우는데 선잠 깬 이슬들은 작고 여린 소리로 잠꼬대를 하는지, 아니구나, 칭얼대는 소리는 저쪽 개울물 소리였구나. 그리로 눈길을 보내니 홀연 재두루미 한 쌍이 근처의 땅을 쪼아대는 게 보인다. 걸음을 죽이다가 걷기를 멈춘다. 그러나 어차피 사람을 겁내지 않는 이 고장 두루미는 나를 무시하고 쳐다보지도 않는다. 다섯 발자국 앞, 서로 무슨 말을 속삭였던가. 갑자기 재두루미 하나가 머리를 숙이고 몸을 낮추며 두 날개를 천천히 펴네. 아, 저 아름다운 포즈, 젊은 날 어디선가 본 모습인데, 그래, 천천히 시작하는 승무의 도드리였던가. 아니 은근한 동래학춤, 아니면 많이 즐긴 살풀이춤이었던가. 드디어 환하고 아름답게 펼쳐진 두 날개가 서니, 다른 재두루미가 알겠다는 듯 가볍게 날아올라 날개를 편 재두루미의 등에 조심히 앉네. 아, 짝짓기구나 하는 순간, 날개를 편 암컷의 꽁지 부분이 갑자기 수평에서 하늘을 향해 꺾어지네. 그리고 2초? 3초?

순식간의 절정을 소리도 없이 수컷의 느린 날갯짓 몇

번으로 끝을 낸 재두루미 2인무는 산뜻한 풀밭에게 사는 의미를 전해준다. 지상에 내려온 수컷과 날개를 제대로 접은 암컷은 다시 서로 머리를 맞대면서 가는 다리로 우아하게 걷기 시작하네. 내가 옆에 서 있는 것도 무시한 채 아침이 점점 더 밝아온다. 분명 내가 처음 본 재두루미의 짝짓기였는데 어째서 나는 흥분하지도 않고, 침 흘리지도 않고, 재미있어하지도 않고 차분한 기분으로 황홀하고 아름답게 보기만 했을까. 날짐승이어서? 내가 나이를 먹어서? 아니면 내가 혼자 걸어가던 펑 터진 풀밭이 조용하고 호젓해서? 아, 아무것도 아니라면 혹시 내가 드디어 부끄러움 타지 않는 시인이 되려고 그랬던 건지? 영롱한 시의 빛보다 더 화려하고 고풍스러운 포즈는 세상이 밝으면 어디에도 존재할 수 있구나. 짝짓기를 보며 젊은 시절 내가 즐긴 승무의 귀한 모습이나 휘휘 돌아가는 살풀이춤이나 티 없는 학춤까지 연상되어 다시 환히 볼 수 있다면 나도 이제는 확실히 시인이 된 모양이라고 믿어도 될까.

통증의 기원

내 생의 깊고 아름다웠던 날들은
가볍고 빛나는 목련 꽃잎이 되어
햇살을 기다리던 사이에 고국을 떠났고
어깨를 짓누르던 무거운 책임은
내가 살던 집의 요긴한 연료가 되었다.

이념 성향이 없다는 여름은 땀 흘리며
그날의 자초지종을 내게 해명했다.
너를 때린 것은 젖은 무더위 때문이었다.
길 잃고 무너져 내린 그 여름 장마만
피 터져 억울한 속살을 다독여주었다.
정의는 아무 데서나 몇 푼에 판다는 것을
아픈 목을 만지면서 모두 배웠다.
그 후로 나는 정의란 것을 믿지 않았다.

수십 년 드물게 들려왔던 내 노래 몇은
당신의 귓가에 작은 집을 지을 것이다.
어디로 가야 할지 머뭇대며 방황만 하다가
백발이 날리는 나이가 되었으니 참,

아무 소리도 없는 침울한 도시에서
전두엽 뇌 속의 불규칙한 맥박을 듣는다.
한숨도 나눌 이 없는 천형의 날들의 통증.

백두산 어지럼증

 백두산에 갔었지. 더 늦으면 안 되겠다 싶어 착한 후배 시인을 꼬드겨서 동행을 만들고 인천을 떠나 북서쪽으로 북한을 빙빙 돌아 중국 연길에 도착했지. 오래 북간도라고 부르던 곳, 조선족이 절반이라 상점 간판에 한글이 많이 보이네. 현지 가이드를 만나 먼저 도문으로 갔는데 아내는 개천 같은 도문강 건너에 눈길을 주며 저기가 바로 친정어머니가 살았던 함경북도 온성이라며 헐벗은 주민들 건너보면서 혼자 부끄러워하네. 나는 두만강 건너 도망쳐 온 탈북민이 문득 보이고.

 장백산 대하호텔에 투숙해 첫날을 보내고 다음 날 아침에는 서쪽 비탈이라는 서파 산문으로 이동, 백두산 꼭대기에서 천지를 보려면 천사백사십여 개의 층계를 올라야 한다네. 한데 남의 땅이어선지 백두산을 오르는 이는 대부분 장백산에 오르는 중국인이네. 산이 워낙 높고 추운 바람이 세다고 해 여섯 겹의 옷을 입고 층계를 하나씩 오르는데 맞아, 나이는 못 속이지. 천 층계를 계속 오르니 숨이 차기 시작하고 천삼백을 넘어서니 앞이 희미하게 흐리고 어지럼증까지 오네.

설마 고도가 높아 어지럼증이 오고 산소가 부족해 숨이 찬 것일까. 옷을 너무 껴입어 땀이 비 오듯 하고 다리도 무거워 걸음이 느려지는데 눈치챈 후배는 손을 내밀며 손잡고 함께 오르자고 한다. 고마워 그 손 잡고 싶었지만 가만, 내가 여기까지 와서 내 발로 백두산 정상에 오르지 못하고 내 힘으로 천지를 못 본다면 부끄러운 일. 쓰러질 때까지 혼자 힘으로 가보자고 손을 거절하니 후배는 내 마음을 알겠다는 듯 헉헉대며 어질어질 기를 쓰는 나를 위해 걸음을 늦추네.

천사백 개 넘는 층계를 다 올라 비틀거리며 내려다본 천지의 위엄, 정상에 올라도 날씨 때문에 천지를 볼 확률은 절반도 안 된다는데 웬걸, 오늘은 해가 쨍, 흰 구름 몇 점이 파란 천지에 얼비쳐 그렇게 아름다울 수가 없네. 무슨 역사나 전통을 따지기 전에 가슴이 먼저 얼얼해온다. 단군왕검보다 고조선보다 뻐근하고 숭고한 모습에 넋이 나간다. 정상의 주위를 돌아보니 6월인데도 그늘 쪽은 얼음이 두께로 남았고 양지쪽으로는 고산두견화, 우윳빛 키

작은 꽃들이 한가득이다.

 다음 날도 또 백두산행. 정상의 다른 모습, 천지의 모든 얼굴을 보겠다고 북파라 불리는 산길을 간다. 산정에 오르려면 일흔일곱 굽이를 돌아야 된다는데 차를 타고 아찔하게 굽이굽이 돌고 도니 진땀 나는 정상. 하루에 백두 번 날씨가 변한다는 백두산이라는데 오늘도 다시 청청한 천지. 내려오는 길에는 다리 고운 자작나무 숲의 유혹을 떨치고 비룡폭포의 시원한 물소리로 땀을 식힌다. 그길로 용정 마을에 가 윤동주 시비 앞에서 고개를 숙이고 그의 시를 다시 깊이 읽는다.

 백두산 등정에서는 처음부터 내 모습이 처량했지만 그래도 힘찬 백두산은 영 잊히지 않아 도대체 왜 그럴까 하다가 내가 해야 할 일 하나를 찾아냈다. 내 아이들에게 제 뿌리를 알게 하는 것. 먼지 켜켜한 우리 족보를 꺼내 희미한 내력을 읽기 시작한다. 마 씨는 삼한시대 부족국가로 발원한 마한의 첫 군주 마겸이 비조(鼻祖)이고 백제 건국 공신 마려를 시조로 보지만 상계를 고증할 문헌이 전해지지 않아 백제 멸망 후 부흥전을 도모했던 마육침을 일세조로 정했다고.

  길어지는 족보를 구구절절 읽다가 문득 뿌리라는 게 이제 와 무슨 소용일까 하는 의구심. 누구의 자손이라는 게 무슨 자랑이 될까. 그래, 시간 있고 기회가 오면 백두산에나 한번 가보렴. 거기서 가슴이 두근거리면 그게 바로 조상의 넋이다. 아니 가보지 않아도 좋다. 어차피 세상은 변한다. 변하지 않는 네 착한 심성이 제일이다. 최선을 다해 살다 때때로 힘들어 어지럼증이 오면 그 어질한 느낌이 백두산이 주는 선물이란 것을 눈치채기를, 그 신호가 네게는 늘 큰 힘이 되기를.

모기의 날

매해 8월 20일은 모기의 날
1897년부터 전 세계가 기념하는 날인데
그 이틀 후는 세계 복숭아의 날,
또 그 이틀 뒤는 유성의 날이구나.
세계 모기의 날에는 암컷을 기리겠지.
목숨 걸고 남의 피를 빨아 먹는 용기를?
혹시 아닐까, 그냥 모기 박멸의 신호일까.
복숭아의 날에는 복숭아를 종일 먹고
유성의 날에는 별똥별을 찾는 밤인가.

오전은 계속 흐려서 브람스를 듣는다.
한창 익은 첼로의 선율 속에 모기 한 마리,
속살도 없는 내 책상 내 눈앞에 앉는다.
죽기를 각오하고 음악을 듣는 숙연한 자세,
날이 흐려도 나는 심각하고 싶지 않다.
편안하게 살겠다고 떠나왔지만, 모기는
떠날 생각을 하지 않고 꼬리를 내린다.
음악을 들으면서 죽고 싶다는 것인지,
먼지 같은 생을 포기한다는 것인지.

아니었구나, 저녁에는 임신한 몸으로
피를 빨아 뱃속의 씨를 살려야겠다고
내게 계속 달려드는 암컷 모기의 모성,
하염없이 한순간 내 손바닥에서 죽는다.
평화롭지도 공평하지도 않은 세상만사를
한 번의 죽음으로 다 배운다.

몸통은 단번에 없어지고 핏자국만 남아
그 가는 날개에 묻은 애잔함만 모아서
우리가 즐겼던 고운 음악만 생각하겠다.
마지막 입맞춤의 표징은 며칠 가겠지만
애국가 합창도 묵념도 다 생략한 채
새끼를 살리려 몸을 던진 모성의 기일,
피냄새를 풍기며 당당하고 살벌하게
봄부터 가을까지 모기의 날은 계속된다.

그 나라의 양지

나중에 우리가 다 죽어서
(안 죽을 방법은 없으니까)
겁먹은 발로 저승에 걸어가서
다시 또 초등학교 1학년같이
키로든 혹은 다른 순서로든
시키는 대로 한 줄로 뻣뻣이 서서
조금은 서먹한 입학식을 치르며
옆 사람과 눈치 보며 인사 나누고
먹고 자는 것 멋모르고 걱정하다
누가 고함을 치든가 욕설을 하면
남에게 꾸중을 들을 나이는 지났으니까
두 눈 뜨고 두 발로 버티고 서야지.
처음 보는 색다른 곳에서
열심히 살아보겠다고 다짐을 해도
불안했던 지난날은 잊을 수 없겠지.

우리가 죽어서 헤어진다 해도
다시 만나지 못할 지옥은 아니겠지.
어느 고을이든 우리가 스치듯 만나면

이번에는 손잡고 도망이라도 가야지.
그래서 우리가 흠집 없는 몸으로
맹탕으로 처음 만난 사람이 되면
지난 세상에서 채워주지 못한 것들
아쉽게 흩어져버렸던 내 체온을
모두 다 걷어서 네게 주겠다.
맹세한다, 너에게만 주겠다.
어딘지 모를 그곳 양지쪽에 앉아서
다시 보고 다시 웃고 다짐해야지.
그러고 보니 너도 나도 죽는다는 게
그렇게 슬프고 원통한 일은 아니구나.
그렇게 섭섭한 일만도 아니로구나.

바람의 이름으로

그래, 네 말이 맞다.
나는 내 나라에서 쫓겨났었다.
다시는 고국에 돌아오지 않겠다고
매 맞으며 각서에 이름까지 썼었다.
그 일도 벌써 60년이 되어간다.

군의관이었던 신나게 젊었던 시절
혁대도 계급장도 구두끈도 다 빼앗기고
헌병 앞에서 수갑 차고 포승에 묶여
쓰레기같이 욕먹으며 산 어두운 감방
내가 기댈 희망의 끈은 한 줄도 없었다.

준비 없이 스산한 딴 나라에 나와서도
더부살이 회초리를 세차게 맞아가며
혀 빼고 눈감고 살기가 힘이 들었다.
들판 같은 외로움도 온몸을 할퀴었다.
그간에 고운 바람으로 네가 자랐구나.

그래, 네 말이 맞다. 최근에는

죽기 전에 국적을 회복하고 싶어
이 구청 저 주민센터에 서류 제출하고
법무부 무슨 국에는 명예를 찾겠다며
내 간절한 이유도 길게 열심히 썼었다.

(살아온 내 한 생을 믿기 힘들어하는 아들은 외국인 학자로 한국의 안과 학회에서 일간 각막 이식의 새 수술법을 소개하려고 강연 준비에 바쁜데 강연 중엔 나를 농담으로 언급하겠다네.)

그래 이제 나는 농담 한마디로 끝나는 몸,
그러나 아들아, 한 가지만은 믿어다오.
나는 절대로 고국에 죄짓지 않았다.
옳은 길을 가야 한다고 믿었을 뿐이다.
내 사랑이 언제나 밝기를 바랐을 뿐이다.

가거든 가슴 펴고 아비의 나라를 즐겨라.
그곳에는 고운 꽃들이 많이 핀다더라.
싱싱하고 새로운 인연도 많이 만나라.

젊은 날 내가 받았던 상처의 미친바람들,
믿어라, 그런 회오리는 다시 오지 않는다.

흰나비의 증언

1

말소리는 작아서 들리다 말다 하고
얼굴도 너무 작아 화를 내는지
아니면 혹시 나를 보며 웃는지
꽃과 꽃 사이를 헤매이다
왜 엉뚱한 방향으로 사라지는지.

사람의 길은 평탄하거나 완만한 경사뿐이고 새들의 길은 직선이거나 유연한 곡선인데 유독 나비의 길은 왜 그리 종잡을 수 없이 위아래로 옆으로 어지러워야 하는지. 평생 갈팡질팡해서 팔자가 드세다는 것인지, 가없이 자유롭다는 것인지. 충남 당진 어느 언덕 채소밭에서 본 흰나비의 춤. 혹시라도 그 아름다운 날개 탓인지, 아니면 아직 불꽃이 살아 있다는 신호인지.

애벌레 시절에는 움직이지도 않더니
허물을 벗고 나온 연한 몸으로
첫번째 눈부신 햇살에 놀라

조심히 날개를 펴고 온몸을 연다.
보이지 않던 것이 보이고
움직이지 않던 것이 움직인다.
떨지 마, 아름다워서 추운 거다.
무서워 마, 이제부터가 시작이다.

그렇다. 우리의 길도 그렇게 시작되었다. 어두운 숲을 헤쳐 나가는 어려운 결정이었다. 세상 밖에만 귀 기울이다가 나이는 다 들었는데 몇 번이나 더 석양을 함께 볼 수 있을까, 몇 번이나 서로 보며 웃을 수 있을까, 몇 번이나 물끄러미 바라볼 수 있을까, 몇 번이나 더 당신을 품어 안을 수 있을까.

2

9월이 되면 모두 떠난다. 안 간다던 석양도 떠난다. 실패한 사랑도 하염없는 가을바람이 되어 떠난다. 떠나야 다시 산다. 놓아주어야 산다. 우리가 갑자기 바다의 그늘처럼 숨어 살 수는 없는 것. 흘러간 세월을 후회하지는 않겠다. 그래도 밤엔 정든 별들이 반짝이고 몇 송이 국화는 난데없는 시간에 깨어나 향기를 만든다.

  왜 그렇게 큰 날개가 필요했을까.
  어울리지 않는 미색은 멍에가 되어
  거미줄에 걸려 몸을 파닥이다
  마지막 숨을 덮는 흰 수의가 된다.
  긴 꿈속에는 달콤한 유혹이
  늘 비명의 가슴을 겨누고 있지.
  나비는 누구의 신음을 들은 걸까.
  주위에는 꽃잎만 날리고 있다.

나비는 죽음의 자리에서 태어나던 때를 기억했다. 빛나던 햇살을 처음 보며 날개를 열던 한낮을 기억했다. 햇살의 애무를 세상의 끝이라고 본 나비는 연인의 눈빛에서 깨어나지 못했던 것일까. 장주(莊周)가 나비였던 시절에는 꿈이 깊었겠지만 오감으로만 인식하는 존재가 허상인 줄은 몰랐겠지. 아직도 흐려지는 감각만 믿고 세상을 진단하는 저 뛰어나고 어리석은,

발 씻는 남자

오늘도 발을 씻지 않았다.
매일 아침 샤워를 하면서
발은 한 번도 씻지 않는다.
3, 4개월 지나도 씻지 않는다.
온몸 담글 뜨거운 탕에 들어가야
두 다리도 뻗고 발 씻을 생각이 나겠지.
나이 드니 샤워장에서 한쪽 발로 서서
다른 쪽 발을 들어 씻는 게 거의 불가능이다.
그래서 귀국하면 탕에 갈 생각만 한다.
때때로 발을 씻고 싶어 귀국하고 싶다.

공중목욕탕도 사우나도 없는 외국의 촌에서
50년 이상 살아왔으니 게으름도 당연하지.
발도 씻겨주고 발톱도 자른다는 스파라는 곳,
잘못하면 심한 염증도 생긴다니 밀어도 못 가겠다.
그냥, 목욕탕에 앉아 지나간 세월도 씻고
탕 속에 퍼질러 앉아 몸까지 푹 익히고 싶다.
부서져가는 몸이니 허드레 찌꺼기도 쌓여서
씻고 벗기고 밀어낼 것도 많아졌겠지.

끝판이 가까워오니 오래 발 씻고 싶다.
더는 못 참겠다고 혹시나
두 발만 먼저 귀국하겠다고
성화를 부리면 어쩌나.

아바타를 떠나며

어제는 일찍 나서서 디즈니에 갔었지. 개장 시간에 들어가 계획했던 대로 인기 있는 아바타 쇼 쪽으로 걷는데 코로나 바이러스도 놀라 도망치게 일찍부터 관중이 긴 줄을 섰네. 나도 마스크를 쓰고 거리를 두면서 한 발짝씩 그 줄을 따라 걸었지. 두 시간을 그렇게 걸으니 몸은 땀에 젖어 늘어지고 다리는 아픈데 내 앞에는 독일어 하는 총각과 처녀가 웃고 있네. 드디어 어두운 공간에 도착, 한 사람씩 모터사이클 같은 것에 앉아 입체 안경을 쓰자 안전 때문이라며 내 몸을 기계가 천천히 조여오더군. 그러다 난데없는 큰 소리와 함께 눈앞의 장관, 나는 기대하던 아바타가 되어서 거대한 새, 이크란을 타고 판도라 행성의 화려하고 무서운 세계를 빠르게 날기 시작했지.

판도라 행성은 우거진 숲인데 공중에 수없이 떠 있는 기묘한 섬 사이로 원시의 공룡 같은 새와 짐승이 사방을 날면서 소리 지르고, 키 크고 꼬리가 긴 원주민 나비(Navi)족, 히브리어로는 예언자라던가, 나비족의 유전자와 인간의 것을 결합해 생긴 생명이 바로 아바타라는데 컴퓨터 그래픽으로 보는 아바타는 구원의 길? 신기한 판도라 비행 중 단 한 번 조용히 날개를 멈추고 우리를 위로하는 큰 나무, 모두의 영혼이 살고 수많은 영혼의 씨앗이 날아다니며 나를 감싸는 할렐루야 나무를 본다. 아바타는 분신일 뿐 영혼이 없는 생명체고 나를 대신해 살아 있는 존재라고? 정치가는 상대를 모함해 누구의 아바타라지만 나는 지구라는 행성에서 아직까지 누구의 분신으로 살았단 말인가?

그래, 그러면 그렇지,
어쩐지 평생이 계속 이상했어.
늘 어색하고 무언가 불편했지.
내가 있을 곳이 아닌 것 같았어.
내가 분신이라는 걸 몰랐지.
영혼을 딴 곳에 간직한 것도 몰랐지.
맞아, 그래서 그랬구나.
그래서 늘 떠나고 싶었구나.

모든 게 몸에 잘 맞지 않았어.
이렇게 사는 게 아닌데, 또

이렇게 죽는 게 아닌데, 했지.
정든 이의 마음을 상하게 할까 봐
한 번도 묻지는 않았지만
여기가 도대체 어디냐고
내가 왜 여기서 살고 있느냐고.
아, 이제야 몸과 영혼이 함께 사는
내 본체로 돌아가는 것이구나.
내가 살고 싶었던 대로
꿈꾸고 희망했던 바로 그대로.
그래, 그러면 그렇지,
나는 아직도 내가 아니었구나.

겨울의 응답

1

처음에는 흐린 하늘이 천천히 내려와
나를 감싸는 줄 알았지. 그런데
누구의 입김인지 잔바람을 타더니
아, 함박눈이, 함박눈이 내렸어.
확실히 그게 첫눈이었지.
사각사각 눈 내리는 소리 흐려지면서
오랜만이다, 오랜만이다, 하는 말이
사방에서 내게 들려왔어. 한데
왜 그 인사가 확 눈물 나게 했을까.

매해 빌려서 지내는 오피스텔을 나와
걷는 사람 드문 광화문 거리의 저녁,
갑자기 눈이 내리기 시작한 거야.
어두워지는 사직공원은 놀라지도 않고
고개 들고 반갑게 눈을 받아먹으면서
거봐라, 거봐라, 하면서 나를 놀리데.
아무도 보지 않은 광대놀이 한평생이

지난날은 잊어, 어쩔 수 없었잖아, 한다.
얼마나 잊고 살아야 하는 것인지,
참는 법을 몰라 여태 헤맨 것인지,
그래서 당신의 응답은 눈이 된 것인지.

2

그래, 이제는 눈치 안 보고 말하지만
사는 게 늘 흐리고 무서웠지.
젊었을 때부터 신이 나서 장난하듯
하루라도 다 잊고 버틸 수가 없었어.
내가 살던 나라는 내 나라가 아니었고
내가 맡은 역은 칼과 피와 살과 약,
사람을 살리려 애쓰다 죽이기도 하는
수고했다 말 듣기보다는 공포에 질려
밤에도 마음 놓고 편히 잘 수가 없었어.
정말이다, 두 손 놓고 살 수가 없었다.
내 실수 하나로 사람을 죽일까 봐

실언 하나로 사람을 다치게 할까 봐.

내리고 또 내리는 사직공원의 함박눈
하늘을 다 채우고도 앞을 가리는 눈,
여유롭게 술 한잔 하며 가볍게 살라고
세상은 어차피 이별의 연속이라고
눈송이는 내가 산 날들을 계속 지워버린다.
왔던 길도 눈앞에서 사라지고 만다면
내 길은 지금 어느 마을을 헤매고 있을까.
있지만 보이지 않는 우리의 고향이나
인간은 도대체 모두 실향민이라는 철학자,
겨울은 함박눈으로 조근조근 응답했다.

동생의 기일

사순절 중에도 봄은 기지개하며 눈뜨고
꽃들의 기도 소리에 유독 관심이 가던 시절,
이제 생각해보니 우리는 가야 할 길을
황홀하게 취해서 간 것뿐이야, 그렇지?
그 길이 이렇게 오래 만나지 못할 길인 걸
우리가 정말 몰랐을 뿐이야. 그렇지?
그래 그것뿐이다. 우리는 사랑이란 게
보이지도 만져지지도 않는다는 걸 몰랐다.

저기 표정 죽이고 떠나는 나비 한 마리
그 그림자가 되어버린 동생의 기일,
이마에 바른 재도 다 지워지고
긴 꿈 깨어났다고 우리까지 흔드는구나.
후회도 없이 세상을 지워버리는구나.
그해에 나비가 웃기만 하던 이유는
산 것과 죽은 것의 차이를 몰라서였을까.
그 사이의 낙심과 무서움을 몰라서였을까.

너무 늦은 것은 아니겠지?

내처 달려온 길이 얼마나 긴지 보이지 않네.
헤어져 살아온 날들은 늘 밤으로 이어지고
젊었던 날 잠 못 들고 불을 켜던 별들이
이제는 낮 동안 내 가슴에서 살고
밤이 되면 하늘에서 네가 되는구나.
저 끝없는 봄, 동생의 나비들.

입동 즈음에

요즈음은 자주 쓸쓸한 느낌이 든다.
부모님은 나를 멀리 둔 채 떠나시고
동생들도 하나씩 다 세상을 등져
밤이면 긴말 나눌 사람이 없어
나 혼자 빈방을 둥둥 떠다닌다.

시끄러운 것이 귀찮고 멀미 나서
사람들 별로 없는 곳에서만 뒹구니
신경 안 쓰고 눈치 안 보아 좋을 것 같지?
옆을 지나다니는 것은 바람과 비와 먼지
나무나 덩굴 열매는 혼자 열렸다 혼자 진다.

오래 같이 사는 나이 든 아내도
이제는 잘 웃지도 않고, 가끔
나를 이웃처럼 물끄러미 쳐다본다.
나도 아내를 덤덤한 미소로 스친다.
우리 기념일이 입동 즈음인 것을
겨울이 한참 깊어서야 기억해낸다.
다음에는 잊지 말자고 다짐하지만

이 미안한 마음은 또 얼마나 갈지.

만나고 싶은 이들은 모두 멀리서
오라는 손짓만으로 나를 흔드는데
그래도 봄이 와서 노란 산수유 꽃 피면
나도 기지개 켜며 숲이 될 수 있을까,
열기도 힘도 그새 다 사그라졌겠지만
아내가 놀라게 입맞춤해줄 수 있을까,
새 남자인 듯 따뜻하게 안아줄 수 있을까.

2부

후기 현악사중주

어디서고 무엇이고
다 함께라는 것은 불가능이야.
모두에게 똑같이 감동일 수는 없어.
내가 좋아하는 현악사중주는
남들이 미치는 음악과는 다르겠지만
그게 개성이고 자유고 화음이고 평화야.

어떤 이는 혼자 있어야 시원하고
어떤 이는 둘이 손을 잡아야 안심하고
어떤 이는 왁자지껄 와글거려야 좋고
또 어떤 이는 혼자고 뭐고 상관없이
먼 산만 보고 있으니 모두 다른 박자야.
어쩔 수 없이 함께 즐기지는 못하겠지만
그래도 언제고 한번 만나보기 바란다.

작품 번호는 백 번을 한참 넘었지만 평생을
식구도 없이 가난하고 허물어진 몸으로
돈 때문에 썼다는 억울한 말도 참아가며
분노나 절망을 헤치고 살아남은 것.

고통을 이긴 악보는 고개 숙이고 말이 없다.

어쩔 수 없다. 혼자서라도 들을 수밖에
응당의 작품값도 받지 못한 채
작곡가가 죽고 난 한참 뒤에야
처음으로 연주된 마지막 현악사중주,
내가 심호흡 거듭하며 세상을 사랑하게 된
폭풍을 넘어 화해하는 신기한 소리의 물결.

젊었던 시절 이 숨 막히는 음악 때문에
절절한 외로움으로 몸서리쳤었는데
쉴 곳도 말할 곳도 없어 헤매기만 했는데
나이 들어 다시 들으니
따뜻한 위로를 내 전신에 전해주네.

몸속까지 풍족해지는 오랜만의 이 온기는
지금 내가 외롭다는 것인가, 아니면
슬픔도 나이가 들면 위안이 된다는 것인가.
(혹 내 슬픔도 나중에 누구의 위로가 될까)

통증이 부드러운 포옹이 되는 이 땅에서
부서져 흩어지고 만 사연을
이제야 소중하게 네게 보낸다.

첫사랑처럼

어린 날 몰래 따 먹은 예쁜 살구는
부드럽고 얇은 살결의 촉감이었던지
나를 홀리고도 모른 척 외면하던
시고 달고 떫어서 몸을 떨게 하던 맛
그 시고 맵고 짠 세월 다 참아내고
한평생 힘들게 이겨낸 줄 알았더니
다시 만난 살구는 아직도 신맛이네.

온몸을 쥐어짜던 젊은 날의 목마름은
뛰어 노는 아이들처럼 웃고 있지만
조금 더 가까이 다가가고 싶어
눈치 없이 허둥대며 꿈에 살던 시절.

어쩌지?
그런데도 그리운 맛은 단맛보다
그 옛날에 돌아섰던 그 신맛이네.
기다려도 끝내 익지 않던 미소같이
생각도 사는 법도 익숙하지 못했던
풋 익은 인생은 모두 신맛이라는 건지.

매혹은 도대체 이유가 없구나.
내 가슴 뭉개버리던 첫사랑의 맛은
살굿빛 사연 하나 변하지 않은 채
허술하던 고백을 빛나게 돌아보네.

누이동생의 이별

 연휴가 끝나던 날 밤 조카딸이 다급하게 전화를 걸어와 네가 갑자기 쓰러져 병원으로 실려 갔다는 말, 너무 놀라서 다음 날 공항에서 병원으로 곧장 향하니 병실에 누운 너는 벌써 의식불명이더구나. 산소호흡기를 사용해 편안히 잠자는 모습이 금방 깨어날 듯했지만 내가 만난 의사도, 내가 본 시티도 모두 절망이었어. 다음 날도 내가 의사라고 조카들은 나만 쳐다보는데 할 수 없이 나서서 모든 연명 기기를 정지하라고 말했네. (네가 유서에도 썼더구나.) 그리고 다섯 시간, 네 딸들과 함께 호흡이 사그라들고 심장이 멎는 순간을 아프게 지켜보았단다. 미안하다.

 너무 착해서 평생 손해만 본, 그래서 이루지 못한 꿈이 많았던 누이여. 놀랍게도 내가 본 광경은 너를 위해 우는 정든 이웃, 친구 들. 장례식에 온 많은 이가 하나같이 네 온정과 용기를 말하더구나. 나는 오히려 초라한 오빠, 동생을 먼저 보낸 죄인, 그래도 마지막 전화는 나였다지? 오래 부모님 이야기도 하면서 보고 싶다며 울먹이더니. 우리는 곧 다시 만나 그간의 일들을 말하며 울고 웃고 할 테지만 여기는 며칠째 비가 많이 내리는구나. 누가 네 이별을 안

타까워하는 모양이다. 잘 가라, 가난한 마음으로 종신한,
아름다웠던 내 누이동생, 잘 가라.

  당신이 오시는구나.
  소리도 형체도 없이 오시는구나.
  맑게 한세상 잘 살아냈다고
  내 동생 따뜻이 안아주시는구나.
  침묵의 슬픔을 뚫고 사방에 온통
  네가 사랑이 되어 일어나는구나.
  산백합 한 판이 갑자기 향기를 푼다.

그림자의 하루

아침이나 저녁녘에 넓게 퍼지는
큰 나무의 풍성한 그림자들은
한낮이 되면 둥치 근처에 몇 개만 남고
모두들 나무를 떠나고 만다.
대낮까지 남아 있는 그림자는 몸이 아프거나
무슨 연유로 떠나기 힘든 친구들이겠지만
젖은 그림자들 나무둥치 옆에 앉아
청승맞게 눈치나 살피고 있는 건지.

나이 들면 정든 나무라도 한번은 떠나
다른 세상도 만나보긴 해야지, 그래서
나도 젊은 나이에 무작정 떠났던 것인가.
다시 생각해보아도 어쩔 수 없었다.
바람 불고 비가 내리쳐도
할 수 없이 우리는 헤어져야 했다.

싱싱한 아침에 고향을 떠났다가
해야 할 일 마치고 해가 기울면
땀 흘린 몸 잘 이끌고 돌아와야지.

너무 늦지는 않게 허물어지기 전에
함께 모여 밥도 먹고 웃고 떠들어야지.

한데 내 젊은 날은 어느새 다 지나고
주위는 어두워 밤빛이 내려앉는데
매일 피곤하고 쓸쓸한 풍경에 겨워
그래도 마음먹고 힘들여 돌아왔는데
아무래도 너무 늦게 돌아온 모양인지
아는 얼굴은 하나 보이지 않고
모두가 외방인처럼 나를 쳐다보네.

일과를 마친 그림자들은 모두
자기 잠자리에 편히 들었는데
내가 잘 자리는 어디에도 보이지 않고
어디서 낯선 달그림자가 나를 부르네.
(밤에도 그림자라는 게 사는구나.)

여기가 혹 죽은 이들 사는 곳은 아니겠지.
희미하게 언뜻번뜻 보이는 그림자들

내가 모르던 엉성하고 힘든 주소이지만
땅의 온도야 별반 차이가 없겠지,
그래도 정들었던 땅, 내 나무 밑이니
오늘은 지친 몸 여기에 눕혀야겠네.

늦가을 와온해변

1

느지막이 와온해변에 도착했다.
사방이 적적하고 젖어 있기만 해
뜨끈한 어묵을 후후 먹으면서
말도 없이 한눈파는 바다를 본다.
집 없는 개 한 마리 다리 절며
멀찍이서 나를 따라 해변을 걷는다.
바다에 사는 젖은 바람이 반갑다며
내 팔을 건드리며 알은체한다.

누구를 만나러 여기까지 온 건지
그동안 잘 지냈느냐고 중얼거리니
이제 그만 기다리고 떠나야겠다네.
모두들 가버려 말 붙일 곳도 없다면
언제고 한번 떠나는 것은 찬성이지만
그래도 너무 멀리 가는 것은 반대다.
두고 봐라, 너도 나처럼
나이 들면 틀림없이 후회할 거다.

남아 있던 어묵 몇 개 건져 먹고
식어버린 국물까지 마시고 나니
잘 가라는 인사를 듣기도 전에
바다가 천천히 보이지 않는다.
세상은 늘 내게서 그렇게 사라졌다.

2

이제야 가끔 보인다.
젊은 날 미미하다고 흘린 사연
일몰의 바다에 조금씩 밀려 나가고
혼자 사는 바람도 떠나지 못해
이 세상에 저 찬란한 노을이 돌아오는구나.
바다에 섞이지 못하는 물고기들이
낙조의 물살과 사랑을 나누는 오늘
저녁은 돌아가지 않고 그대로 물에 잠긴다.

이제야 보인다.
내 안에 가득 고인 네 말
내가 잘못 살아왔다고
자꾸 말해봐야 어쩌겠니?
썰물같이 모진 날은 물러갈 줄 알았지.
끝내야 할 나이가 10리 개펄에서
나를 기다리고 있는데 어쩌겠니?

비가 한차례 오려는지
뻘밭의 짱뚱어와 칠게만
뭔 일 한다고 들락날락 바쁘고
와온해변에는 밤중까지
아무런 기척도 들리지 않았다.

큰일을 치르며

나이가 드니
밤잠 자는 것도 어느새
큰일이 되었다
잠드는 것도 큰일이고
한밤에 느닷없이 깨어
다시 잠드는 것도 큰일이다.

많이 걸으라고 하니
아침나절이면 어떨까 싶은데
이런저런 핑계를 만들어
게으름을 감추려고만 하니
집 나서는 것도 큰일이다.

어쩌다 한 30분 걷다 들어오면
기진맥진 진땀인지 진짜 땀인지
샤워를 하고 몸을 씻어야 하는데
옷 다 벗고 나서는 것도 큰일이다.

옷을 갈아입는 것도

면도하고 머리 빗는 일도
나들이하는 것도 큰일이지만
하루 세끼 챙겨 먹는 것도
집밥이건 외식이건 다 큰일이지.

진짜 큰일을 하다 쓰러졌다고
누구 앞에서 가슴 펼 일도
내 생시에는 없겠지만, 그래도
정말 할 일이 완전히 없어지면
그거야말로 큰일이 아닐까.
정말 큰일일까, 아닐까.

성묘 가는 길

이북 고향 땅 가까이에 가신다고
포천도 운악산 끝자락에 묻히신
생전에 자주 뵙지 못한 장모님
조카의 차를 타고 산소를 향한다.
이동갈비, 찐빵부러더스, 황태랑순대랑, 단속검문소, 미미향, 팔도밥상, 맹첨지갈비탕, 이노무스키, 별난동치미국, 한탄강가든의 간판들을 지나고

조카 셋과 함께 큰절을 올린다.
이끼인지 꽃인지 보라색 눈동자가
작고 비린 냄새로 미소하며 반긴다.
손자들이 가져온 전이나 부침개를
장모님의 따뜻한 햇살에 펼쳐놓는다.

한숨 돌리며 주위를 살피니 저 예쁜 들꽃들
작년에도 본 그 고집스러운 구절초들
같은 곳에서 또 똑같은 모습으로
몇 년째 손가락질하며 나를 가르친다.

정말 그럴까,
허욕에 그악스러운 사람의 삶보다
욕심 없이 향기로운 꽃의 삶이
정말로 더 바람직한 것일까,
그게 돌아가신 분의 다른 목숨일까,
만물은 모양만 다를 뿐
원하는 대로 다 살아있다는 것일까.

꽃들이 내쉬는 숨결을
가슴에 한가득 채운다.
내려오는 길에는 허둥대는 바람
내 앞에서 헛발 딛고 넘어지면서도
내년에 다시 만나자며 섭섭해한다.
문득 내 손에 가득한 구절초 향기
잘 가라는 장모님의 한 송이 말씀.

먼 길

젊은 날에는
좋은 시인이 되고 싶어 몇 번이고
술 마시고 취해서 땅에 쓰러졌다.
바른 길 외치다가 감방에도 갔다.
종국에는 온몸에 상처만 쌓이고
나라를 멀리 떠나 외로워져서야
나그네가 된 나에게 네가 다가왔다.
어두워 몸부림쳐도 외면만 하고
동반자 하나도 허용하지 않던 길,
그늘에 가려 추운 대답을 기다리면
그제야 눈길만 몇 개 보내주었지
그 갈증, 그 부끄러움 속에서 살았다.

천지가 가물거리는 나이에 와도
느린 발걸음의 길은 멀기만 한데
헐벗은 몸에서만 꽃이 핀다니
나이도 잊고 상처도 잊어야겠지.
시를 찾겠다고 입술을 깨물던 내 피가
혹시 보였니, 끈질긴 불면도 보였니?

고통만이 고통을 치유한다고 했지.
회복의 기미는 어디에도 없고
헤매던 불구의 혼을 감추고
모두 떠난 먼 길에 다시 나서리라.

비밀의 마을

여유로운 저녁노을이 세월의 발자국을 따라간다.
시간이 왜 앞으로만 가는지 긴 설명을 들어도
당신은 앞서가려 서두르지 않는다.
꽃의 유혹을 넘어서 세상의 진정을 찾아간다.

못내 찾고 있던 내 집과 치유를 함께 경험한 며칠은
70세 나이를 한참 넘긴 채로 나갔던 의료봉사 중
우기가 끝난 엘살바도르의 빈촌에서 만난 노인의 말,
메 보이 아 카사라던가, 그 한마디만 작게 남기고
행복한 미소 지으며 돌아가신 분, 내 집에 간다고?

노인의 마지막 말을 얼결에 듣고 그 주검을 돕던 날,
숨진 얼굴에서는 첫날부터 주름살이 모두 사라지고
확실한 귀향의 예식이 동네 사람들의 노래와 낭독,
전통 의상과 춤과 종소리 한바탕으로 매듭지어졌다.
장례가 슬펐는지 모르겠지만 나는 신비에 홀려버렸다.

오래 건방졌던 내 눈과 귀와 머리를 깨끗이 씻어주는
무슨 말인지 웅얼대는 입술을 타고 몸을 벗어나는 혼.

이거였어. 내가 꼭 써야 했던 시는 죽음에도 스며들어 떠나는 이의 마지막 노래가 되고 기도가 되어야 했어. 멀리 보느라 생긴 숨결인지, 고난도의 기술이 아니고 단순하게 우리에게 스며드는 사려 깊은 불빛, 이거였어.

네가 없으면 내가 없고 함께 있어야만 마을이 존재한다는 귀중하고 확실한 비밀이 숨어 있는 몇 개의 저녁.
 나는 정말 모르고 살았어. 그래서인지 사는 게 늘 어지러웠지.
 집에 돌아간다는 노인의 미소와 아득했던 추모가 왜 자꾸,
 몸에서 혼을 뺐다, 넣었다 하며 느슨해야 한다고 타이를까?

눈에 대한 소견

1

몇 해 전까지만 해도 눈 오는 풍경이 아름답고 포근하더니
요즈음에는 같은 풍경이 힘들어 보이고 외로워 보인다.
내가 피하지 않고 백내장 녹내장 눈 수술을 했기 때문인가,
뇌가 늙어 눈이 보내는 보고를 이해하지 못하는 것인가.
평생 불 켜온 두 눈보다 뇌의 판단이 더 중요하단 말인가.
흥겹던 곳이 왜 추워지고 얼어버린 텅 빈 거리가 되는가.

내가 사는 마을의 한복판에서
한숨도 멈추고 나를 보는 나무여
잎도 열매도 다 빼앗기고
눈감고 이를 악문 친구여
너도 사는 게 고단했구나.
모두가 오래 그렇게 살았단다.
눈치가, 눈의 수치가 느리다고
말 몇 마디에 인생이 뒤바뀌어

입 다물고 외면하고 산 지가 얼만지
눈을 감고서야 너를 볼 수가 있었다.

오래 앞이 보이지 않았던 이유는, 그럼
보려는 욕심이 내 눈에 없어서였던가
누구였지, 눈이 있어 보이는 게 아니고
마음이 눈에 없으면 보이지 않는다고
보이지 않으면 시간도 가지 않는다.
저기 쌓여 있는 세월의 헤픈 파편들,
내가 거절하고 지나친 수많은 날이
이제는 짓밟혀 모양 좋게 썩어서
발효된 시간의 독한 술이 되고.

2

눈으로 사람을 평하지 말고
귀로 사람을 보라고 하네.
귀로 보면 귀한 것이 보이고

코로 보면 고운 향기가 보일까.
눈을 빛내며 반짝이던 것은
더는 아름답지 않구나.
나도 한때는 눈으로만 사람을 만났다.

지렁이는 피부에 시세포가 있고
전복은 홑눈으로 명도만 가리고
곤충은 눈 네 개로 움직임까지 보고
사람의 망막은 빛을 전기로 만들어
전기의 신호를 시각피질에 보낸다.
한데 우리의 착한 관세음보살은
천 개의 손과 천 개의 눈으로
세상의 모든 소리를 그윽이 바라본다.
소리를 보는 눈이 베푸는 자비심,
천 개의 눈이 세상을 적시는 눈물.

심한 근시로 망막박리가 되어 한쪽 시력을 잃은 조카는
말리는 산행을 하다가 발을 잘못 디뎌 세상을 떠났고
황반변성으로 눈이 멀어버렸던 어머니는 그때까지

안구 주사도 치료 약도 없어 안과 의사만 원망하셨지.
모든 것이 확연히 보이던 힘차고 기운 넘치던 때여
내 눈은 나를 보지도 못하면서 나를 잘 안다고 우겼지.
눈은 모든 아름다움을 흡수한다. 그 시력이 나를 키웠다.

3

부대의 특등 사수를 만나면 눈이 좋다고 자랑이지만
10리 밖을 볼 수 있다는 기린과는 비교도 안 되고
타조나 갈매기나 독수리는 기린보다 더 시력이 좋아
20리 밖도 본다는데 눈이 좋다는 것은 과연 무엇일까.
멀리 볼 수 있는 걸까 미세한 걸 보는 걸까.
아니면 상대의 마음을 언제나 환히 볼 수 있는 눈일까.
눈물이 많은 눈일까 눈물이 없는 눈이 좋은 걸까.

인식의 전제 조건은 시각이지만
대상의 부분만 보면서 전체라고 하니
보이는 것만 믿는 것은

처음부터 인식의 폭력인가.
(암, 폭력이고말고.)
보이지 않는 것까지 믿으면
그러면 비폭력이 되는가.

잘 있거라,
눈도 귀도 손도 다 늙어버렸으니
나이 든 풍경도 느리게 사라지겠지.
수십 세기의 청각과 말씀의 세계가
화려한 시각의 세계로 이어졌다지만
세상천지 모든 엄마가 그렇듯이
안 보이는 것은 보이는 것의 어머니,
누구도 눈먼 자들의 도시에 들어서면
자신까지 버리고 사랑을 찾는다는데.
들판에 누워 푸르고 넓은 꿈을 꾼다는데.
보이지 않는 존재가 되어야만
자유로워진다고 타이르는 당신,
밤중에 사는 별의 눈이 되어
그립고 보고 싶은 이들을 만나겠구나.

아침의 발견

 지난여름에는 인적 드문 산촌에 숨어 살았다. 무더위를 피한다는 핑계였지만 하나뿐인 누이가 세상을 떠나 힘들었던 탓이 컸다. 가여운 정을 재울 수가 없었다. 밤잠도 못 자고 출입도 안 하니 몸이 어두워져서 찾기가 힘들었다. 그렇게 허기진 시간, 누가 부르는 소리에 밖으로 나왔다. 가벼운 바람이 얼굴을 씻어주고 물기 없는 몸을 밀어주었다. 빛이 번져오는 길로 천천히 걸어 나갔다.

 산책을 시작한 며칠, 가늘게 이어지는 오솔길에서 새똥인지 짐승의 똥을 몇 번 밟고는 고개를 더 숙이고 조심해 걸었지. 그렇게 근처의 들꽃이나 풀잎만 보니 모두 작고 연약해서 풀 죽은 낙담은 떠나지 않았다. 그런 어느 날 누이동생의 목소리가 들려 돌아보니 와, 이게 웬일이지? 언제부터 길옆에 버티고 서 있는 야생 능금나무, 능금을 주렁주렁 달고 있는 나무에 네가 서 있었구나.

 정말 난데없는 한 그루 능금나무가 언덕 쪽에 늠름하게 서 있었어. 풍성한 분홍빛 능금들이 나를 보며 환하게 웃고 있었어. 능금들이 말했어. 오빠, 너무 실망 말아요. 더 멀리 보고 사세요. 뒤돌아보지 말고 외로워하지 말아요. 우리는 다시 만나요. 무심히 고개를 드니 오래 질기게 박혀 있던 깊은 상처들이 떠나가고 있었어. 쌓여 있던 절망도 바람 타고 하나씩 날아가는 게 보였어.

 다음 날부터는 능금들의 인사를 기쁘게 받았지. 아침이 분홍빛으로 세상에 온다는 걸 그때 처음으로 알았어. 땅이 더러운 것을 보듬어서 제 것으로 만들 듯, 누이의 능금들은 배신과 슬픈 어제를 모아 분홍빛 아침으로 만들고 있었어. 오빠 노릇을 못 해준 미안한 마음도 땀 흘리며 누이를 돕고 있었어. 그 아침들은 너무 고와서 그럽게 찾아야만 보였지. 그리고 나는 안심하고 편안해졌어.

 요즘은 그 산골에 겨울이 와서
 눈이 내리겠구나.
 잘 갔지?
 언 손으로 만드는 아침이
 제발 주름지지 않기를.

아침이 하늘을 연다.
네가 밤새 씻어놓아서
환하게 잘 보이는구나.
겨울이 깊었는데도
모두 건강해 보인다.
잘 잤니?

두루미 한 마리

매일 걷는 오솔길 옆 둔덕에
재두루미 한 마리가 언제부터 서성댄다.
두루미는 언제나 쌍이거나 무더기로 사는데
혼자 땅을 쪼아대다가 머리 들고 울다가
사방을 두리번거리다 고개를 떨군다.

똑같은 한 마리가 같은 자리 맴도는 게
벌써 며칠째인지, 사나흘이 넘으니
날개털도 푸석해지고 몸도 수척해지는데
날 줄도 떠날 줄도 몰라 내가 답답해진다.

그러다 일주일이 지났을까,
마침내 그 외톨이 두루미가 보이지 않는다.
드디어 떠났구나, 나는 시원한 마음인데
이곳에 터 잡고 사는 친구는 가엾단다.
외로워서? 아니, 혼자 살기로 결심했지만
주위가 왜 추운지는 모르고 떠났으니.

함께 날며 함께 살던 가족을 잃은 재두루미,

그 한곳에 오래 머문 이유는 근처가
식구를 잃은 자리라고 믿었기 때문이고
식구가 찾아오리라 기다렸기 때문이고
실수였든 일부러였든 식구들 다 떠나고
혼자 살아야 할 운명을 늦게 자각했기 때문.

혹 나이 든 두루미라면 딴 이유가 있겠지.
죽을 자리를 천천히 찾아가는 길
두루미는 죽은 제 몸이 남에게 보여지는 걸
두려워하지, 아니면 굉장히 부끄러워하든가.
그래서 사람들은 죽은 두루미를 본 적이 없어.

주검을 보여주지 않을 자리를 찾으러
의젓한 모습으로 하늘 가까이로 떠났구나.
아무도 찾지 못할 곳을 찾기는 힘이 들겠지.
내게도 언제쯤 떠나야 할 날이 왔다고 누가
넌지시 한마디 귀띔해줄까, 알려주면 오래
살고 싶었던 곳으로 나를 밀어줄 이 나타날까.

왕 중의 왕

선생님은 왕 중의 왕이십니다.
선생님 나이에 의젓하게 활보하시고
잘 잡수시고 정신 말짱하시고 무엇보다
후배들 말도 경청하시고 잘 웃으시고요.
그럼요, 선생님은 왕 중의 왕이십니다.

선생님은 바른 의견에도 고집부리지 않으시고 누구와의 대화에서도 예의를 잘 지켜주십니다. 뭐라고요? 나는 그런 훌륭한 사람이 못 됩니다. 내 주장에 왜 고집을 부리고 싶지 않겠습니까…… 그냥 입을 다무는 거지요. 팔자가 드세서 오래 고국을 떠나 산 것이 부끄럽기도 하고 또 주장이라는 것도 다 여기서 저기 같고 안다는 것도 결국은 모두 거기서 거기인 것 같아요. 더 안다고 말끝마다 앞장서기보다 그분과 친구하고 싶어 참는 거지요.

선생님 나이 근처의 어르신들
지팡이 짚고도 잘 걷지 못하시고
정신이 나른해서 분간이 힘드신 분들
그런 분들에게 어쩌다 인사를 드리면

다른 이의 말은 잘 듣지도 않으시고
왕년의 영광에만 소리 내고 힘을 주세요.

나도 알지요, 그런 건 노화 현상이고
늙은이에게는 언젠가는 다 오는 것,
한두 달 일 년 이 년이 다를 뿐이지
또 멀쩡하다가도 심장마비나 뇌졸중,
사실 누가 먼저 급살할지 아무도 모르니
그저 매일을 고맙게 사는 게 최고지요.

세상에 왕이란 사람을 본 적도 없고
대통령이나 도지사도 만나본 적 없으니
왕 중의 왕이란 말은 헛소리겠지만
그래도 왕이란 말은 이 나이에는 귀해
자주 갈아 앉은 내 기분을 띄워주네요.

왕 중의 왕이란 게 정말 어떤 모습일까,
한마디 던지고 간 후배가 그래도 고마워
나도 그날 이후에는 나이 든 사람들에게

되도록 큰 소리로 그 말을 전해드립니다.
당신은 왕 중의 왕이십니다. 암요,
당신이야말로 왕 중의 진짜 왕이십니다.

3부

만년의 과수원

이제는 서쪽으로 가지 않아도
살아 있는 사과를 만난다.
유혹하는 사과의 들뜬 인사도
눈부신 아침의 속살로 달래고
주름진 차가운 몸을 녹여야 한다.
늦잠 자는 가을이 떠나기 전에
빠른 발걸음으로 화해를 청한다.

아, 저기 쏟아지는 햇살을 모아
누구의 사과 속을 가득 채울까.
아침의 약속은 해묵은 영성,
사소한 일상이 내 보배라서
오늘도 꿈꾸는 나라를 보며
고통을 순도 높게 호흡한다.

사과꽃은 처음 본 은유였다.
그 빛나는 꽃들 나이 들어 떠나고
그림자만 남아서 열매로 익으면
함께 떠나지 못한 꽃잎을 향해
만년의 미소를 풀어 손을 잡는다.

딴 방을 쓰며

아내와 딴 방을 쓴다.
오래 버티는 불면이나 얕은 잠이
나이 든 우리에게는 알 만한 핑계이지만
이제는 또 몸으로 익혀야 할 나이.

얼마 가지 않아 어두운 무늬에게
몸을 맡기는 일이 일어날 때
얼결에 당황하기보다
침착하게 새 마당에 설 수 있게,

기대와 아쉬움의 발걸음으로
혼자가 되는 연습을 위해
하고 싶었던 말, 참고 있었던 말
계속 너를 향해 중얼거리며
두 주먹만 가슴에 안고 가는 길.

상처 없는 목숨이 어디 있으랴,
시간의 근육은 나를 단단히 잡고
어느 쪽으로든 나를 밀어주겠지.

문득 물 위에 머무는 햇살
받으며 피어나는 얼굴.

우아한 나무

그날 우연히 우아한 나무를 만났다.
희고 가는 몸매에 화장기 없이
매끄러운 종아리까지 드러낸 채
차가운 산바람에도 묵묵히 서 있던
자작인지 뭔지 이름도 물어보지 못했는데
친구는 춤사위로 나를 가려주었다.

친구를 만난 곳은 백두산 가는 산길
숨 가쁘게 오르는 길 중턱이었다.
비룡폭포 물소리를 함께 들었으니까
동파가 아니고 북파 쪽 길이었겠지.
춤사위는 좋지만 부끄러움이 많아서
한 발짝도 내게 다가오지 못하고
말도 없이 내 손만 조심해 만졌지.
아냐, 내가 먼저 수작을 걸기는 했어.
추운 땅에서도 그 따뜻한 살결이라니!
폭포에게 배웠던 건지, 흥얼거리던 노래
얼마나 속 깊이 위로가 되었던지.

우리는 같이 울지는 않았지만
다시 만나자는 약속은 했지. 그때는
우리가 함께 살 수 있다고 했어.
우아한 나무를 보고 싶은 심정은
10년이 하루같이 지난 요즈음까지
나를 꿈속에서 헤매게 하지만
꿈은 이룰 수 있는 희망도 된다니
그놈을 한번 단단히 믿어볼밖에,
사는 날까지 죽자고 믿어볼밖에

그러다 보면 친구야, 언젠가 우리는 만난다.
긴 세월이 통증으로 기승을 부려도
만나서 함께 춤출 날이 오고 말 것이다.

잡담 길들이기 23

 오래전 내가 부자 나라 미국에서 좋은 의사가 되려고 앞서가는 의술을 배우며 힘들게 살던 시절, 하루 세끼 먹는 주식은 언제나 병원 식당에서 나오는 감자, 빵, 시리얼, 팬케이크, 스파게티. 밥이 어떻게 생겼는지 천천히 잊어 가던 어느 날, 내가 사는 곳이 작은 도시여서인지 쌀이 주식이 아닌 나라여서인지 쌀 파는 곳은 아무 데도 없고 흑 흑인촌에 가면 그곳에서 쌀을 구할지 모른다는 말에 겁먹은 채 찾아간 흑인촌 한복판, 쌀 한 봉지 사 들고 승리한 장군처럼 아내에게 보이니 그게 바로 길쭉한 안남미, 월남 쌀이라네. 후 불면 날아갈 것같이 찰기 없는 밥이지만 허겁지겁 한 그릇을 다 먹으니 갑자기 또 김치 생각. 어디서도 구할 수 없는 걸 아니까 눈도 감고 입도 감고 말았지.

 나를 가르치는 선생 중 그 의사는 가난한 나라에서 온 의사인 나를 보며 고개를 저었지. 갓 태어난 우리 아기에게 우선은 모유를 먹이겠다고 하니까 어처구니없어 하면서 긴 설명을 해주었지. 우유가 모유에 비해 얼마나 영양가가 높고 아기의 성장에 얼마나 이로운 것인지를 하나씩 따져가며 알려주었지. 공부하러 온 외국 의사여서 그런 것도 모르냐는 식으로 우유를 살 돈이 부족하면 도와주겠다고 하네. 그래도 나는 엄마와 아기의 관계를 위해서, 동양의 오랜 풍속이라면서 계속 딴청하며 고집을 피웠지. 그런 일이 있은지 겨우 몇 해 후에 세계 소아과학회에서 그 원칙이 뒤집어지고 말았지. 출산 후 적어도 처음 몇 달은 아기의 면역력과 정서를 위해 절대로 모유를 먹이라는 새 의학 원칙!

아이가 감기에 걸리면 무작정 편도선을 수술해서 떼어내야 한다는 의사들, 그걸 몇 번씩 거절하기도 힘들었지. 나중에 암에 걸릴 확률이 높다는 설이 나오면서 사그라들었지만. 동네 초등학교의 초대를 받아 한국에 대해 이야기해주기로 약속하고 도서관에서 빌려온 『코리아』라는 그림책. 그 책에 한국 사람은 편편하고 큰 돌 위에 앉아서 먹고 잔다며 석기시대 사람같이 돌 위에 서 있던 아이들. 이런 게 우리의 온돌방은 아닌데…… 커가는 아이의 정기검진 때 교수님은 흔히 볼 수 없는 것이라며 의대생 10여 명에게 이게 몽고반점이라 선언하면서 아이를 뒤집어놓은 뒤 엉덩이를 관찰하고 몇몇 학생들은 한번 만져보아도 되겠

냐며 아이의 엉덩이를 다투어 만지던 그 더러운 손들.

 왜 더러운 손이라고 했지? 몇 해 동안 내 손에 피를 많이 묻혀서 그랬나? 병원의 고용 의사였던 나는 담당 환자가 대부분 무료였는데 환자는 왜 또 그렇게 많이 죽었던 건지. 죽은 환자 가족에게는 나라의 중요한 의료 정책이어서 죽은 이의 부검을 권장해야 했고 많은 이가 또 그것을 허락했지. 거기다가 죽은 내 환자는 내가 조수가 되어 병리 의사를 도와야 해서 일주일에 적어도 한 번은 그를 따라 부검실에 들어갔지. 단 며칠이건 내 환자였던 죽은 이와의 대화나 표정을 기억하면서 내장을 찢고 전기톱으로 머리뼈를 잘라서 뇌를 한 조각씩 살피고 간과 폐와 신장과 또 무엇무엇. 사인을 찾는다고 온몸을 파헤쳐 피가 부검대를 덮으면 나는 피투성이 몸으로 의사가 된 것을 얼마나 후회했던지.

 고국에서 쫓겨난 뒤 내가 살던 곳은 추웠다.
 시작은 어디서나 힘들고 어려운 것이겠지만
 젊은 나이임에도 보이는 게 모두 낯설었다.

정붙일 곳도 친구 하나 찾기도 불가능했지만
그래도 나를 말없이 살게 해주니 고마웠다.
밥을 굶어도 다시는 감방에 가기 싫었다.
나를 깔보는 듯한 그 눈빛이 정말 싫었다.
나를 허락하는 땅이 있고 또 하늘이 있다면
나는 그곳에서 내 꽃을 키우며 살고 싶었다.
손 시린 외국 땅에서 내게만 기대는 아기,
아껴주어야 할 생명이 있어 살 수 있었다.
그것은 부끄럽고 작고 보잘것없었지만
내게는 힘이었고 등대였고 꽃송이였다.
그것만 가지면 나는 넉넉히 살 수 있었다.
두번째 생은 그렇게 외딴곳에서 소리 없이
남의 인생처럼 남루하게 시작되었다.

잡담 길들이기 24

 시내에서 친구를 만나고 대야면으로 이동하는데 좁은 찻길 옆에 뒹굴고 있는 여러 개의 호박을 보고 놀라서 차를 세웠다. 낮은 흙담으로는 오르락내리락 호박꽃이 지천이고 어떤 호박은 담에 기대고 또 담 옆 길가에 퍼질러 앉아 눈인사를 한다. 아무리 남도라지만 10월도 중순이 지났는데 어쩌자고 호박꽃은 온 동네에 이렇게 많이 피고 호박들은 찻길까지 나와 체면 불고하고 누워 있는가. 차에서 내려 여기가 어디냐고 물으니 임피라는 곳이라네. 임피? 동네 이름이 이상하지만 내린 김에 잠시 동네를 한 바퀴 돌아보는데 아담한 골목길이 놀랍게도 깨끗하네. 집집이 꽃이고 향기인데 대문 틈으로 보이는 반들거리는 살림살이들, 그 사이로 초등학교 학생 둘이 재잘대며 뛰어나오네.

 이런 마을에서 몇 해라도 살아보았으면 하는 생각이 지극해서였는지 내게 다가와 인사를 던지는 두 어린이가 일찍 죽은 내 동생들 같아서 하마터면 보듬어 안고 울 뻔했네. 내가 운이 좋았지. 하느님이 내게 점지해주신 두 동생, 군소리 하나 없이 나를 믿고 따르던 동생들, 그 귀한 사람을 내가 자주 허술하게 무시했었지. 처음부터 이런 마을에서 살았으면 나도 다르게 살았을지 모른다. 혹시 저 많은 호박꽃은 동생이 내게 보내준 것일까? 다음번에는 내가 동생으로 태어나서 내 천사들의 말에 귀 기울이고 고분고분 따라야겠다. 눈에 보이지 않는다고 다 끝났다고 단정할 수는 없다. 동생을 다시 만나야 한다. 만나서 사랑한다는 말을 전하고 다시 한번 같이 살고 싶다는 말을 전해야 한다.

강물은 나이 들수록 천천히 흐른다.
태어난 뒤로는 떠나기만 했으니
이번에는 물길을 뒤집어 돌아가겠다.
나이가 들면 모두 숨기 바쁘지만
두 눈 뜨고 살아 있는 늙은 사랑은
한평생 지녀온 상처의 신음인지.
보이지 않는다고 우리가
만나지 못할 것은 없겠다.
호박꽃 하나가 눈을 뜨고
내 손에서 피어난다.

글피나 그글피

글피나 그글피에 만나자고
만나서 술 한잔 하자던 친구는
글피나 그글피가 되기도 전에
먼지도 일으키지 않고 훌쩍
다시 만나지 못할 곳으로 가버렸다.

우리 나이에는 더 조심해야지
글피나 그글피는 너무 멀어서
함부로 말하다가 큰코다쳤다며
어젯밤 꿈에 나타난 친구의 말.

내가 살아야 할 글피나 그글피는
어디 먼 데를 돌아 힘들게 오는지
기다림은 매일 나를 정화시키고
꽃 한번 피워보지 못한 채 겨울이 왔다.

젊은 날 빛나는 글피나 그글피는
정해진 시간에 정확히 도착해서
싱싱하고 화려하게 꽃도 피웠는데

요즈음은 생사의 소식까지 희미해지고
매일 허둥대는 내가 보기 딱했던지
생시에 못 가본 곳을 함께 떠돌자며
그나마 겨우 찾은 밤잠을 깨운다.

고군산군도에서

섬들이 바람 소리로 안부를 전하고
갈매기 떼 날리며 응답하는 것은
그래, 섬은 섬끼리 바다 밑에서
서로 손잡고 살고 있기 때문이겠지.
믿고 의지하고 함께 울기까지 하니

나도 젊은 날에는 남몰래 물밑으로
두 손을 맞잡았던 사람이 있었지.
그 손을 덧없는 핑계로 놓치고
다시 잡아볼 이유도 찾지 못한 채
차분한 몸이 못 되고 떠돌기만 했다.

얼마나 가야 이웃에 이를지 모르지만
그 무인도에 대해 한마디만 남기자면
나는 거침없는 시인이 되고 싶었을 뿐
시인은 남의 손을 잡으면 안 된다기에
따뜻한 인연 외면하고 고향을 떠났다.

좋은 시를 찾아 평생을 헤매 다녔지만

목 축일 것 하나 없이 무얼 했던 건지
기진맥진해서 여기 진한 뻘밭에 섰다.
이 저녁이 어딘지 궁금하지도 않지만
바람 불고 비 오는 강산이 어두워온다.

함께 웃던 친구들 빗속에서 흐려지고
내가 녹아서 물이 되고 바다로 간다면
이번에는 물밑에서라도 꼭 말해주리
편안한 사랑에는 매달리기 싫었다고
혹시라도 기대게 될까 겁이 났었다고

흔들린다는 게 무언지도 모르면서
혼자 떠돌면 시를 만날 줄 알았지.
차가운 비 맞으며 고된 혼도 씻고
아, 정말 몰랐다, 흔들리면 저절로
내 온몸에서 시가 꽃필 줄 알고……

고군산군도에서 2

무녀도, 장자도를 지나 선유도에서
기대하지 않았던 가을비를 만났다.
섬은 비에 젖어 외지 사람 발이 되고
나는 오징어뭇국으로 해장을 하고
듣지도 먹어본 적도 없는 희한한 맛이
다시 한번 따뜻한 인연을 뒤진다.
오가는 사람들은 고개 숙인 채
편안해진 몸으로 옷을 적신다.

혹시라도 헤매며 떠도는 섬이라고
만나자던 약속도 잊었을까 몰라
섬들도 이렇게 다 모여서 사는데
사람들은 왜 외면하고 혼자일까?
모든 인연을 가엽게 보라던
오래전에 돌아가신 외할머니 말씀
내가 당하고 버리지 못한 가슴앓이도
가끔은 위로받고 푸근하게 살기를.
은밀하고 달기만 하던 만남도
하룻밤 단잠 뒤에 바닷물에 쓸린다.

당신이 노래하니 떠나려고 나섰던
흐르던 냇물까지 멈추어 선다.
중요한 것은 시끄럽지 않다더니
아침의 남쪽 편 물결이 잠든다.
섬을 껴안고 울고 있는 비,
그 체온으로 아침이 더워온다.
누구의 눈이 세상을 보고 있는지,
나도 한때는 생의 전부인 줄 알았던
저 바닷물 소리, 섬에 부딪치는
아직도 아픈 저 물소리.

친구를 보내며

몸이 가벼워졌다고 천 길을 올라가도
생사의 곡절을 당장 풀 수는 없다네.
저 위에 사는 하늘의 끝까지 가려면
스물여덟 개의 나라를 올라가야 해서
네가 떠난 새벽에도 어둠 속으로
스물여덟 번의 범종 소리가 퍼졌다.
희미한 여명을 보며 떠난 소리는
언제쯤 첫번째 나라에 도착하려는지
목숨이 시작되는 저 빛을 불러 타고
아침을 열면서 가는 네 몸,
네가 죽어서도 깨어 있으라고
목탁 소리는 멈추지 않는다.

너를 따라갔던 곳이 어디였지?
한세상 사는 의미를 찾는다고 하다
우리는 지쳐서 그 물가에 쓰러졌지.
달은 손에 닿을 듯 크고 깨끗했지만
강물은 산사 근처라고 목소리 죽여가며
우리가 정답을 찾지는 못할 거라고 했던가.

저녁에는 서른세 개의 하늘을 위해
범종이 서른세 번 또 울리겠지.
시간은 면벽한 채 못 본 척하겠지만
수십 개의 하늘이 다 어디 있다는 건지
아주 가깝다는 건지 멀고도 멀다는 건지
영문 모르는 망각을 범종에 태워 보낸다.
그래도 저 울림의 그늘은 너를 쉬게 하고
머지않아 내가 너를 만나게 될 것은
한세상 살아온 것만큼 환히 알겠구나.

노을의 가족

전라선 기차를 타고 구례구에서 내려
온종일 구례 골목을 누비고 다녔지만
사람은 하나 안 보이고 모조리 감뿐이네.
온 나라의 수만 개 감이 난리를 꾸미는지
감나무 가지는 담을 넘어 마을을 덮치고
천상의 동네처럼 가을 전체가 등불 같네.

골목에 서서 머리 위 단감을 한 개 딴다.
매끈한 껍질을 벗겨도 주황색만 넘치는 과육,
감들이 땅의 진흙 색깔을 다 먹어버린 것인가.
감에게 제 색깔을 주었으면 땅 색이 변해야지
흰색이나 회색이 되어야 마땅한 게 아닌가?

모르겠네, 많은 이가 마을을 떠났지만
감 맛은 느려터진 사랑보다 싱싱하고 달구나.
맨땅은 쳐다보지도 않는데 감은 계속 익는다.
함께 살던 새들은 이별의 노래만 목청껏 부른다.
그렇구나, 이별은 늘 사랑 속에 사는구나.

어두워지는 남도의 골목길을 아쉽게 떠나려는데
고개 드니 문득 서녘 하늘로 주황빛 노을이 넓다.
오후의 감들이 하늘로 긴 사연을 보낸 것인지
노을이 당당히 얼굴 들고 살라고 하는 말인지
지상을 떠난 영혼들은 물론 잘들 살고 있겠지.

한데 외면한 땅 색깔이 변하지 않은 걸 보면
감의 색깔은 아무래도 땅이 준 것이 아니구나.
혹시 저 주황색 하늘이 보내준 것은 아닐까.
그렇구나, 저녁 하늘이 준 선물이었구나.
단감을 한입 씹으니 노을 냄새가 확실하다.

그러나 노을은 멀리서 아버지와 함께 살고
우리는 여기에 살고 있으니 그리울 수밖에
와아, 아직도 온 세상천지에 쏟아지는 빛!
우리야 실컷 먹고도 잊고 마는 버릇이지만
선물은 오늘도 따뜻한 냄새를 주위에 남기네.

저것 좀 봐, 감의 얼굴을 쓰다듬는 아버지,

감에게 입 맞추는 저녁노을의 주황빛 입술
노을 맛이 이렇게 달고 외롭고 부드럽구나.
하느님의 은총은 인내와 절제에 있다는데
가을은 아무리 밀어내도 늙지를 않는구나.

약속

비가 오다가 날이 개도
공중에 남아 있던 빗방울들 모여
산뜻한 무지개를 만드네.
비가 귀한 이 땅에서는
나이를 더 먹어야
온몸이 젖을 수 있다네.

무지개가 자라난 자리에는
아직도 그 색깔이 남아
하늘과 땅을 화사하게 칠하고
죄지은 인생을 후회하면서
오색 물감에게 낭비한 비가
오늘에야 약속을 하겠다며
내 몸까지 씻어주네.

무지개를 키운 땅이여,
깊이 잠든 마을을 깨우며
노래하는 내 여름의 뒤뜰이여,
폭우 끝에 보이는 지난날의 유혹이여.

신화의 강

1

떠나는 것이 강인지 나인지 몰랐다.
늘 가늘거나 굵은 결만 보여주었다.
흐르는 모습이 내게는 왜 보이지 않는지
세월이 지난다는 것이 바로 이런 것인지
언젠가 허물어진 나루터에서 뒤돌아보니
하루는 중년이었고 하루는 노년의 모습이었네.

잠을 자다 숨쉬기를 가끔 잊기도 했지만
은빛 물살에 반짝이는 화가도 만났고
바위 사이에서 노래하는 성악가도 많았지.
먼저 간 자도 늦게 떠난 자도 함께 만나
반갑게 어울려 춤을 춘다고 했던가.
모진 질투의 여신들을 피해 그곳에 이르면
더는 피곤하게 흐르지 않아도 되고
가족과 헤어지지 않아도 된다고 했지.

2

신화의 세대에 강의 여신이 낳은 아들은
청년이 되기 전에 죽고 말았다.
자기밖에 모르고 아무도 사랑하지 못했던 청년,
엄마 강은 차갑게 식은 자식의 죄를 씻겠다고
낮고 보잘것없는 곳을 구석마다 찾아가
스며들고 적시고 위로하며 껴안아주었던가.
세상에는 아직도 높거나 후미진 사람이 있어
강의 여신은 아들 보듬듯 울며 흐르네.

강의 평생은 인연을 만났다가 헤어지고
헤어졌다가 다시 만나는 수만의 기쁨 뒤
슬픔을 힘들게 덮어주는 긴 한숨뿐인데
사랑해야 함께 편히 산다는 신의 유언만
천년 동안 강을 떠다니며 내게 말해준다.

아르헨티나 무지개

시작이다.
몸의 상부를 통째로 앞뒤로 휘저으며
반도네온이 소리를 풀석 시작한다.
그렇지, 몸을 옆으로, 스텝을 크게
슬로 슬로 퀵퀵 슬로,
슬로 슬로 슬로 잡아당겨서 퀵퀵 슬로.
하루 종일 탱고만 추는 극장에 들어가는데
빨간 옷에 눈이 부신 여성이 나를 잡더니
내 몸의 하부를 무쇠 다리로 둘둘 감는다.
사진 한 장!
골목마다 탱고 춤으로 부푼 부에노스아이레스
반도네온의 도시가 아래위로 껴안고 돌아간다.

경제가 안 좋아서 도시는 허술해
어딘지 반쯤 빈집 같은 느낌이 들지만
파에야는 고향 나라보다 이 나라가 최고야.
고춧가루도 뿌렸는지 샤프란 향이 진하다.
그리고 어디선가 단순하면서도 깊은 눈빛.

네가 브라질로 떠난 몇 해 후에 이구아수폭포 소리를 타고 아르헨티나로 옮겼다는 것까지는 알고 있었지. 네가 교민 사회에 섞이지 않았으니 어차피 만나보기는 틀렸지만 늦가을 여행이 여기는 한창 봄이어서 미모사 노란 꽃이 온 천지에 찼구나. 파에야에 빠졌다가 식당을 나오려니 계절도 아닌데 비가 한바탕 오고 그쳤네. 기대를 한 것은 아니었지만 여기 오고부터는 네가 눈에 어른거렸지. 그래도 내일은 떠나는 날, 호텔 쪽을 올려보니 아 저기, 흐린 산 앞으로 거대한 무지개가 웃고 있네. 그렇구나, 그간에 네가 무지개가 되었구나. 비슷한 오라로 나를 보는 네 얼굴, 싱싱한 모습이 무지개에 비친다.

우루과이행을 포기하기로 한다.
고풍하다는 몬테비데오를 보고 싶었는데
낚시고 축구 구경이고 다음에 하자고
혹시 6월에 눈이 오면 연락하라고
아르헨티나 쪽 발리로체의 스키장
그쯤에서 만나 술이나 한잔하자고.

골목마다 수많은 탱고는 흩어지고
이리 한 바퀴 저리 한 바퀴 돌면서
내 우울을 한 박자씩 다독여주네.
반도네온이 석양에 반짝인다.
무지개는 벌써 잠자리에 들었다.
어디 있는지는 몰라도, 내 친구
어디서 산다는 게 무슨 문제겠니,
말벡 포도주라도 한잔 마시고
잘 자라. 어디서든, 내 친구,
보석같이 숨겨왔던 내 친구.

하나개 바람

1

여기 있었구나.
얼마나 찾아 다녔던지?
언덕 쪽 해송은 오랜 친구여서
음계 높은 노래를 종일 불러주고
조개구름에 기대어 춤까지 춘다.
비린내도 눈치 보며 몸을 사린다.

바다의 직계가 되고 싶어서였나
함께 떠난 하나개 바람들은
언제쯤 너를 보러 돌아오려는지, 혹
돌아올 생각을 아예 안 하는 건지
사랑한다는 것은 다 주겠다는 약속인데.

낡은 목선은 물 빠진 뻘밭에 누워
오늘도 편하고 희미한 낮잠을 자고
바지락인지 가무락조개인지
흙탕이 된 눈을 두리번거리다가

입 다물고 개펄로 몸을 밀어 넣는다.

2

어깨가 많이 아프니?
너무 높이 올라가려 하지 마.
아무리 높이 날아도
너만 사랑하는 이를 찾기는 힘들다.
세상을 다 사랑한다는 바람은
생명을 걸어야 한다는 것을 모른다.
애타게 찾고 있는 주소를 아무도
입 다물고 알려주지 않는다.

하나개 바람은 연한 갈색이었지
바람이 벗어놓은 옷은 시들어서
해안도 모래도 힘없이 울상인데
오는 동안 이웃에는 술집만 늘어나고
함께 웃고 떠들던 이들 보이지 않는다.

그새 너도 많이 변했구나.
휘몰아치던 기상도 없어지고
동네에 사는 갈매기도 포차도
더는 너를 겁내지 않는구나.
몸이 어지러워 무거워진 바람이
그래도 무얼 아는 척 손을 흔든다.

3

당대의 화가 구스타프 클림트는 왜
정신 부실한 에곤 실레를 좋아했는지.
그래서 젊은 천재 화가 에곤 실레는
바람둥이 클림트를 정말 존경했을까.
미국 시인 카를로스 윌리엄스는 왜
마약쟁이 거지 긴즈버그를 좋아했는지.
천재 시인 앨런 긴즈버그는 왜
의사 시인 윌리엄스를 끝까지 존경했는지.

평생 손과 머리로 공부도 실컷 했는데
무엇이 진한 예술인지를 서로 안다는 건지.
해안을 헤매다 떠난 외로운 영혼들만이
하나개 바람의 신음을 이해한단 말인지.
하나개 바람은 왜 모습도 바꾸지 않고
같은 모습으로 울며 나를 반겨주었는지.

내가 모를 일들은 손 털고 떠났다.
하나개의 상처를 안고 해로하고 싶다.

내가 시인이었을 때

내가 시인이었을 때
그러니까 내가 초록이었을 때
가는 곳마다 꽃향기가 넘치고
바람은 빈 들판을 요란하게 달리면서
평생의 꿈까지 흔들며 춤을 추었지.

그러다 내가 아직 시인이었을 때
청하는 대로 술 취해 노래했는데
문득 주위를 둘러보니 아무도 없었어.
불안한 눈물도 흐르지 못하고
눈치 보며 얼굴을 떠나지 못했어.

나무와 풀과 꽃이 칼이 되어
내 온몸을 얼리며 위협하고
머물러 살 자격이 없다고 고함질렀어.
내가 쫓겨 가야 할 곳은 어디였을까,
시베리아나 고비사막 같은 곳?
약을 먹어도 우울증은 뽑히지 않았다.

내가 한때 시인이었을 때
슈베르트의 오중주가 내게 안겼고
폴 테일러의 무용은 음악을 감싸면서
안온한 서재의 배경이 되었지.
무용이 꺼지고 음악이 떠나고
잠에서 깨어나 숨을 몰아쉬니
나는 더 이상 젊은 초록이 아니었다.

내가 오색 풍선 날리는 시인이었을 때
어느 집 뒤뜰의 잡풀이란 걸 몰랐다.
낭비한 시름이 허세를 다 지우면
다시 한번 거칠 것 없는 시인,
자유롭고 외로운 넋의 시인을 찾아

그래, 눈떠라.
감추어둔 내 안의 물길이
소리 내며 흐르는 새벽녘,
길 잃은 환자가 되지 않기 위해
풀잎 사이 이슬에게 동행을 청한다.
그래서 긴 고통을 이긴 시인이었을 때.

산문

영웅이 없는 섬

그때가 1965년 초여름이었습니다. 나는 의과대학을 졸업하고 공군 중위로 임관해서 군의관으로, 사관학교의 생리학 교관과 의무대 진료부장으로 성실하게 군 복무를 하느라 바빴지요. 그런 어느 날 공군 본부 앞에서 장교 퇴근 버스를 타고 떠나기를 기다리고 있는데 버스가 영 떠나질 않아서 무슨 일인가 기다리고 있었지요. 그때 한 사람이 내가 타고 있는 버스에 오르더니 내 이름을 부르더군요. 그래서 내가 나섰고 그는 두말 않고 나를 붙잡아 내리게 하더니 다른 차에 태웠지요. 그 차에는 계급장도 소속 부대 표시도 없는 사람들만 있었습니다.

차를 타고 얼마나 갔는지, 낯선 곳에 내렸어요. 나는 거기서 어두운 방으로 끌려 들어갔는데 덩치가 큰 한 사람이 조서를 쓴다며 질문을 시작했어요. 누가 당신에게 한일회담 반대 선언문에 사인하라고 했느냐고 물었습니다.

그제야 내가 왜 난데없이 여기까지 끌려왔는지 그 이유를 알게 되었지요. 그 며칠 전에 도하 각 일간지에는 사회면의 톱기사로 재경 문인 백여 명이 한일회담을 반대하는 성명서를 발표했다면서 사인을 한 문인 명단 백여 명의 명단이 전부 기사에 나왔어요. 나도 그 기사를 보았고 거기에 내 이름도 있는 것을 보고 누가 사인까지 해주었구나, 하고 내심 고마워했습니다.

질문은 주로 내가 누구의 사주로 사인을 했느냐, 누가 주동자냐는 거였어요. 나는 계속 내가 사인을 하지 않았고 그래서 누가 주동자인지 모른다는 말만 되풀이했지요. 그런 와중에 누가 나를 심하게 쳤습니다. 손이었는지 무엇이었는지는 모르겠지만 나는 기절을 했던 모양입니다. 몸이 차다고 느끼면서 눈을 떴을 때, 나는 시멘트 바닥에 있더라고요. 주위는 여전히 어두웠던 것으로 기억하는데 누가 주동자냐는 질문에는 시원한 대답을 하지 못하고 다음 날 오전 아무것도 먹지 못한 채 차를 타고 낯모를 감방에 들어왔습니다. 그때의 내 모습은 한심했을 거예요. 군모도 계급장도 없고 혁대도 구두끈도 다 빼앗겼으니까요. 그래도 감방에서 다른 죄수들을 보니까 너무도 반가웠습니다. 살아날 수 있겠다는 희망을 느꼈기 때문이었지요. 거무스름한 밥 한 덩이와 소금물 같은 국을 받아 조금 먹었습니다.

감방 벽에 기대어도 목 주변이 계속 아팠고 두통도 심

했습니다. 그리고 그제야 집 걱정이 되고 부모님이 내 상황을 알고나 계실지 궁금했습니다. 잡혀 온 지 이틀째인지 사흘째인지 감방으로 문인 두 분이 면회를 오셨습니다. 나는 『현대문학』의 추천을 받아 소위 등단을 한 지 5, 6년이 되었지만 문인이 많이 모인다는 명동이니 광화문의 특정 다방에 나가 선배 문인들에게 인사를 드리지 못해 아는 문인이 별로 없었습니다. 사관학교의 군의관 생활은 재미있었지만 많이 바빴고 여유 시간에는 대학원 공부를 하고 있어서 주말에는 대학 병원 일을 돕고 평일 저녁에는 교수님과 다른 병원에 가서 또 많은 것을 배우느라 여유가 없었습니다.

  감방에 면회를 온 두 분은 내가 아는 몇 안 되는 문인이셨어요. 그분들은 정부 기관지였던 『서울신문』의 문화부장이신 시인도 며칠 전에 해직당하셨고 한국은행에 다니시던 모 시인도 같은 경우라는 것을 알려주었습니다. 나는 군인사법 제94조, 군인이 정치에 관여했다는 죄목으로 재판에 넘겨질 것이라고 했습니다. 그러면서 내가 자진해서 사인을 했든 누가 대신 했든 상관없이 정보부에서 결정된 2년의 형이 내려질 것이라고 했습니다. 도움을 주겠다는 말은 없이 영웅이 되어달라며 태연하게 2년 형기란 말을 던지고 일어서는 두 분이 그때는 원망스러웠습니다. 상식대로 살 수 있는 세월이 아니기는 했지만 도대체 내가 무슨 잘못을 저질렀다고 2년이나 감방에서 살아야 한

단 말인가, 내 의사 면허증은 취소되겠지, 형기를 마치면 다시 의사 시험을 칠 수나 있나, 감방에 돌아와서는 별생각이 다 들어서 잠을 이룰 수가 없었습니다.

이상한 무력감이 나를 휩싸기 시작했습니다. 먹기도 싫고 움직이기도 싫었습니다. 그렇게 며칠을 지냈는지 하루는 우리 감방에 물이 새어들고 여의도에 홍수가 겼다고 했습니다. 다음 날 오전에는 불려 나가서 손목에 수갑이 채워졌습니다. 둘러보니 일고여덟 명의 다른 죄수도 다 수갑을 차고 있었습니다. 그다음에는 헌병들이 나서서 우리를 한 줄로 세우고 포승으로 굴비같이 한 줄로 묶었습니다. 움직이기도 버겁게 꽁꽁 묶여서 터벌터벌 어디론지 걸어가는데 양쪽으로는 여러 명의 헌병이 집총한 채 따라왔습니다. 죄수의 숫자보다 헌병의 숫자가 더 많았던 것 같습니다. 고개를 숙이긴 했지만 한길을 걷던 사람들이 수군대는 소리를 듣기도 했습니다. 문득 사형장으로 끌려가는 느낌이 들었습니다. 이때의 난감했던 느낌을 나는 비겁하게도 물경 30년이 지난 1990년대 중반, 문민정부를 확인하고 나서야 몇 편의 시로 써보았습니다. 「침묵은 금이라구?」와 「섬」이란 시인데 정작 우리나라에서보다 다른 나라에서 상당한 반응을 보였습니다.

김포 기지 감방으로 옮긴 이틀 뒤인가에는 군대 동기인 군의관 세 명이 면회를 왔습니다. 그런데 친구들은 나를 보자마자 울기 시작했습니다. 아마도 산발한 내 모습을 보고 죽기라도 할까 봐 그랬겠지요. 한참 울고 난 뒤에 친구들은 내 아버지가 구명 운동을 하고 계시다는 말, 내 군대 선배, 친구, 고등학교 동기 몇몇도 극성으로 노력한다는 이야기를 해주어서 너무 고마운 마음이 들었습니다. 그로부터 며칠 후 나는 공군 법무감실에 불려 갔습니다. 거기서 내 군사재판 중에 검사가 될 한 장교를 만났고 그분은 조서를 만들어야 한다며 질문을 시작했습니다. 질문은 내가 처음으로 붙들려 와서 했던 그날과 내용이 비슷했습니다. 그런데 어디서 용기가 났던지 아니면 이러나저러나 똑같은 2년 형기라는 말에 오기가 났던지 내가 자진해서 성명서에 사인을 했다, 한일회담이 너무 굴욕적이다, 하면서 평소의 내 생각대로 대답을 했는데 그 장교가 좀 이상했어요. 내가 뭐라고 길게 대답을 했는데 다 듣더니 묵묵부답이라고 쓰더라고요. 다음 질문에도 또 묵묵부답이라고 쓰고요. 그래서 이게 뭐지? 하고 그다음부터는 정말 묵묵부답, 아무 소리도 안 했어요. 그 검사는 나와 같은 중위 계급이었는데 나를 사람대접을 해주어서 고마웠지요. 나중에 알게 된 일이지만 이 검사는 내 친구의 사촌동생이었고 그 친구가 부탁을 해서 어떻게든 나를 도울 계획이었대요. 그리고 또 하루이틀이 지나고 이번에는 계급장이 없는 한 사람이 찾아왔어요. 그리고 묻더라고요. 당신이 1년 안에 미국으로 간다는데 그게 사실이냐, 그렇다고 대답하니 출국에 대해서 몇 마디를 더 물었고 그 사람이 난데없이 당신을 구명하려는 사람이 많다고 하더군요. 그리고 그다음 날인지 갑자기 나는 공소 취하인지 공소 유예인지로 석방이 되었어요.

  너무나 갑작스러운 석방이라 하도 이상해서 집에 돌아와 아버지께 여쭈어보니 누구 덕인지 모르겠다고 하셔서 또 놀랐지요. 그런데 사실 나는 아직도 어떻게 내가 구속된 지 열하루 만에 갑자기 석방이 되었는지 짐작은 하지만 확실히는 모르고 있습니다. 다시 부대에 출근한 며칠 후, 부대장이 내가 지방의 다른 기지 병원으로 발령이 났다고 알려주어서 제대 말년에 지방으로 내려가 하숙 생활을 하게 되었어요. 사관학교 교관으로는 사상이 부적격이라는 이유 때문이었지요. 그렇게 지방 생활을 이어가던 어느 날 계급장 없는 사람이 찾아와서 종이 한 장을 내밀었어요. 곧 제대를 하시겠군요, 축하드립니다, 이거 읽어보시고 도장을 찍어주셨으면 합니다,라고 하더군요. 거기에는 펜글씨로 몇 줄이 씌어져 있었어요. 제대를 하면 곧 미국으로 출국한다, 그리고 돌아오지 않는다, 지금까지 있었던 일은 일절 발설하지 않는다. 나는 기분이 좀 나빴지만 별로 크게 생각하지는 않았습니다. 단지 우리 과에서 유일하게 박사과정에 합격한 뒤 교수님들의 고마운 격려와 충고가 있어 대학에 남을까 하고 미련을 가졌던 일, 낯모를 미국 땅에 가느니 내 나라에서 박사가 되고 좋은 의사가 되어 살고 싶다는 욕심을 아무 소리 못 하고 포기

할 수밖에 없었습니다.

*

그때가 1966년 초여름이었습니다. 나는 미국 병원에서 외상으로 보내준 편도 항공권으로 여기저기를 거쳐 오대호 근처 오하이오주의 한 중소 도시에 도착했습니다. 물론 국적기도 없었을 때였지요. 천여 병상이 허가된 큰 병원에 인턴으로 발탁되어 온 것인데 병원장에게 인사를 하니 반갑다고 악수를 하면서 오늘이 당신의 당직 날이라며 응급실 의사에게 나를 배치하라고 했습니다. 아니, 며칠에 걸쳐 몇천 리인지 몇만 리를 헤치고 병원에 도착한 외국인 의사에게 당장 당직 일을 지시하는 무자비함이라니! 바로 그날 밤을 꼬박 새우면서 병원 최말단 의사, 인턴의 고달픈 생활이 시작되었고 나는 내 생애에서 가장 길고 가장 피곤하고 가장 잠을 못 잔 한 해를 그 첫해에 치르게 되었지요.

그렇게 일에 밀려 숨쉬기도 바빴던 내게 하루는 날벼락 같은 소식이 전해졌습니다. 정정하시던 아버지가 갑자기 뇌졸중으로 하루 만에 돌아가셨다는 소식. 그러니까 내가 미국에 온 지 4개월쯤 되었을 때였어요. 내가 그 전해에 감방에서 매까지 맞았다는 소식을 들으시고 그때부터 소주를 매일 그렇게 많이 드셨다더니 아마도 그 영향으로 돌아가신 것 같았습니다. 돌아가신 연세가 만 61세셨어요. 하늘이 무너지는 고통이었지만 울 곳도 울 시간도 내게는 허락되지 않았습니다. 그렇게 허우적거리며 1년의 인턴이 끝났을 때 나는 그 어디에 가도 좋은 의사의 역할을 잘할 수 있겠다는 자신감이 생겼습니다. 그해에 내 환자로 죽은 이가 백 명이 넘었습니다.

그렇게 인턴과 레지던트 전공의 수련의 마지막 2년 동안 하루 종일 가는 필기시험과 교수 여섯과 30여 분씩 대면하는 구술시험을 무사히 다 끝내고 최단기간인 5년 만에 미국의 전문의가 되었지요. 대학 병원에서는 내 구술시험 성적이 좋았다는 말이 돌았고 그 당시 초음파검사의 세계적인 학자였던 부과장이 당신이 타 의과대학의 과장으로 간다며 나에게 그 대학에 함께 간다면 조교수에 임명하겠다고 했습니다. 나는 그 자리에서 좋다고 대답했습니다. 어떻든 도미 5년 만에 이룩한 미국의 의과대학 교수라면 고국서도 괜찮게 팔리겠다는 계산도 있었습니다. 게다가 은사는 실력이 출중하면서 훌륭한 신사였고 내게도 늘 자상하게 대해준 분이어서 더 기뻤지요.

이사를 끝내고 조교수 발령을 받자마자 나는 염치 불고하고 과장에게 내 사정을 소상히 이야기한 뒤 고국 방문을 허락해달라고 청했습니다. 과장은 예상대로 내 사정을 이해해주고 기왕이면 미국 영주권을 가지고 가면 더 안전할 거라며 충고까지 해주었습니다. 그렇게 해서 짧게나

마 5년 전에 돌아가신 아버지의 산소에 성묘를 하고 미국으로 돌아왔지만 절대로 귀국하지 않는다,고 한 1965년이 기억나서 언제 어디서 누가 나를 붙잡지 않을지 전전긍긍하면서 보낸 재미없는 5년 만의 귀국이었지요.

새로 봉직하게 된 의과대학은 비교적 작은 규모였어요. 새 대학 병원의 과장이 된 은사는 전부터 있던 다른 교수들을 제치고 대부분의 강의를 신참이자 조교수밖에 안 되는 내게 맡겨주었습니다. 성의껏 준비한 내 강의는 처음부터 학생들에게 상당한 인기가 있었고 교수 생활 만 4년이 되는 졸업식 식장에서 난리가 났어요. 해마다 70여 명의 졸업반 학생의 비밀투표로 졸업식장에서 깜짝 발표를 하는 그해 최고의 교수 상인 '황금사과상'을 내가 받게 되었으니까요. 내과나 외과의 원로 교수들을 다 제치고 영어도 변변찮은 외국 의대 출신인 새파란 조교수가 최고 교수상을 받았다고 학교와 병원은 물론 그 도시 전체에서 뉴스가 되었습니다. 며칠 뒤에는 도시의 유일한 일간지와 인터뷰도 했어요. 그 후로는 나를 대하는 다른 교수나 의사 들의 태도가 달라졌고 내가 은퇴를 할 때까지 내 강의나 컨퍼런스는 언제나 초만원, 인기가 상당히 좋았습니다.

그런 들뜬 기분으로 도미 10년 만인 1976년에 두번째 귀국을 했습니다. 귀국에 대한 공포감은 그때도 여전했습니다. 그러나 귀국 목적은 확실했습니다. 나는 우선 모교 대학 병원의 의료원장님께 인사를 드렸습니다. 그리고 내

산문 | 영웅이 없는 섬

가 귀국을 하면 모교에 취직을 할 수 있는지를 여쭈어보았습니다. 내가 학생 때 출간한 처녀 시집의 출판기념회에도 참석해주시고 축사까지 해주셨던 의료원장님은 시원스럽게 대답해주셨습니다. 귀국한다면 대환영이다, 자네 과에는 지금 교수 자리가 비어 있고 자네가 꼭 필요하다. 그다음에는 학교 선배로 존경했던 병원장님을 찾아가서 인사를 드렸더니 내가 매일 환자 진단에 쓰고 있는 시티 스캔이란 기기를 값이 비싸서 아직 들여놓지 못했는데 어떤 것을 추천하는지 물으셨고, 우리나라에는 아직 시티 스캔이 있는 병원이 없다고 하셨어요. 또 모교 병원의 초음파진단 기기도 상당히 낙후된 것만 있었습니다. 그것만 보아도 내가 귀국해서 할 일이 태산같이 많아서 내 밥값은 잘하겠다는 자신이 생겼지요.

호사다마라고 했던가요. 기대에 차 있던 내 귀국은 그러나 그렇게 만만한 게 아니었습니다. 집에 돌아와 귀국 준비를 한다고 강의용 시청각 교재를 정리하던 중 서울에 사는 동생에게서 긴 편지와 전화가 왔고, 동생이 일간지 기자 자리에서 갑자기 해직당했다는 것을 알게 되었습니다. 동생은 그때 서울의 한 일간지 민완 기자로 활약하고 있었고 판문점에서 정기적으로 열리던 남북회담 때마다 신문사를 대표해 취재를 했었고요. 한데 가까운 친척이 큰 병에 걸려 죽게 되었는데 죽기 전에 북에 두고 온 자식의 생사 여부만이라도 알게 해달라고 동생에게 애원을 했답니다. 그래서 동생이 판문점 모임 날 북의 기자에게 부탁을 했고 다음 모임 때 그 기자가 동생에게 소식을 전해주는 것을 요원에게 들켜서 해직이 된 것이었어요. 그렇게 해고되고는 사상이 어떻다고 다른 직장에도 취직을 할 수가 없어서 내게 연락을 한 것이었지요. 결혼을 하고 남매를 두고 있던 동생이 배추 장사라도 하겠으니 미국으로 불러달라고 애원하는 걸 거절할 수가 없었습니다. 거기다가 대학교수직에서 정년퇴직하신 어머니도 혼자 살기가 외롭다고 하셔서 나는 갑자기 부양가족이 늘었고 내 귀국은 자연히 없던 일로 치부해야 했습니다. 귀국을 하면 혹시 다시 붙잡힐지 모른다고 스스로를 위로하기도 했지요. 내 실망은 컸지만 그런 슬픔을 어머니나 동생에게 보일 수는 없었습니다. 그 대신 나는 여러 편의 시를 썼고 시를 쓰면서 자주 혼자 울었습니다. 「바람의 말」이니 「안 보이는 사랑의 나라」 같은 시가 그때에 쓴 것이었습니다. 미국에 온 동생은 이국 생활에 적응하려고 애를 썼지만 많이 힘들어했고 가슴 한번 잘 펴보지도 못하고 일찍 타계했습니다.

  의과대학의 교수로나 의사로는 너무나 편하고 기분 좋은 세월을 지내고 있었지만 나는 시도 때도 없이 우울해졌고 슬펐습니다. 그러던 어느 날 서울 친구에게서 인세를 줄 터이니 시집 출간을 준비하라는 소식이 왔습니다. 내가 서울에 살던 초년병 문인 시절 혹은 그전부터 가깝

게 지내던 친구들이 문학잡지를 시작했는데 사회 일반에서도 상당한 주목을 받았고 나도 가끔 그 잡지에 작품을 발표해왔습니다. 그 문학 전문 잡지사가 시리즈로 시집을 출간하기로 했다며 알려온 것이었지요. 물론 나는 그전에 다른 친구 덕에 개인 시집을 몇 권 출간하기는 했지만 인세를 받는 개인 시집은 처음인 셈이었지요.

원고를 보내고 나서 몇 달쯤 지나 출판사 사장인 친구가 시집이 드디어 출간되기는 했는데 군사정부의 검열에 걸려서 몇 편의 시가 시집에서 삭제되었다며 미안하다는 말과 함께 출간된 내 시집 몇 권을 보내주었어요. 보내온 시집을 들추어보니 아무런 정치색도 특별한 흠도 잡을 수 없는 두 편이 검열에 걸려서 삭제당했더라고요. 삭제된 이유를 찾을 수가 없어서 혹시 내가 1960년도에 붙잡혀갔던 그 명단이 남아서 검열의 단서가 되었을까 하는 의구심. 갑자기 온몸에 소름이 끼치더군요. 공연히 시집을 출간했나 하는 후회의 순간도 잠시 머리를 스쳐 지나갔습니다.

시집은 잘 팔린다지만 정말 이상한 시집이었지요. 시집에는 들어있지 않은 삭제된 시를 시집 해설자는 열심히 언급하고 삭제된 시들의 일부가 해설 글에는 등장하고 있었어요. 그렇게 팔리기 시작한 시집은 그 후 40여 년 동안 중쇄를 거듭했지만 출판사는 활판인쇄같이 조잡한 판형과 한문투성이도 고치지 않고 검열에 빠진 시도 다시 넣지 않고 고집스럽게 처음과 같은 형태로 출간해왔어요. 그러다가 드디어 지지난해에 재판이 만들어졌지요. 그러니까 40여 년 만에 한문도 괄호 속에 들어가고 두 편의 삭제되었던 시도 드디어 환생을 하였습니다. 이야기가 너무 길어지는 것 같아서 이 정도로 그쳐야겠습니다. 참고로 여기에 1990년도에 발표한 「섬」이란 시 한 편을 옮겨놓겠습니다. 6연으로 된 좀 긴 시입니다.

    그해 여름에는 여의도에 홍수가 졌다.
    시범아파트도 없고 국회도 없었을 때
    나는 지하 3호실에서 문초를 받았다.
    군 인사법 94조가 아직도 있는지 모르지만
    조서를 쓰던 분은 말이 거세고 손이 컸다.

    그해 여름 내내 나는 섬을 생각했다.
    수갑을 차고 굴비처럼 한 줄로 묶인 채
    아스팔트 녹아나는 영등포 길로 끌려가면서
    세상에서 가장 심심한 작은 섬 하나 생각했었다.
    그 언덕바지 양지에서 들풀이 되어 살고 싶었다.

    곰팡이 냄새 심하던 철창의 감방은 좁고 무더웠다.
    보리밥 한 덩어리 받아먹고 배 아파하며
    집총한 군인의 시끄러운 취침 점호를 받으면서도

깊은 밤이 되면 감방을 탈출하는 꿈을 꾸었다.
시끄러운 물새도 없고 꽃도 피지 않는 섬.

바다는 물살이 잔잔한 초록색과 은색이었다.
군의관 계급장도 빼앗기고 수염은 꺼칠하게 자라고
자살 방지라고 혁대도 구두끈도 다 빼앗긴 채
곤욕으로 무거운 이십대의 몸과 발을 끌면서
나는 그 바다에 누워 눈감고 세월을 보내고 싶었다.

면회 온 친구들이 내 몰골에 놀라 울고 나갈 때,
동지여, 지지 말고 영웅이 되라고 충고해줄 때,
탈출과 망명의 비밀을 입안 깊숙이 감추고
나는 기어코 그 섬에 가리라 결심했었다.
이기고 지는 것이 없는 섬, 영웅이 없는 그 섬.

드디어 석방이 되고 앞뒤 없이 나는 우선 떠났다.
그러나 도착한 곳이 내 섬이 아닌 것을 알았을 때
아버지는 돌아가셨고 나는 부양가족이 있었다.
오래전, 그 여름 내내 매일 보았던 신기한 섬.
나는 아직도 자주 꿈꾼다, 그 조용한 섬의 미소,
어디쯤에서 떠다니고 있을 그 푸근한 섬의 눈물을.
—「섬」전문

해설

깊고 아름다웠던 날들의 기원

정끝별
(시인)

1. "내 생의 깊고 아름다웠던 날들"(「통증의 기원」)

"그 사건은 1969년 2월로 거슬러 올라가 내가 케임브리지에 있을 때 일어났다." 호르헤 루이스 보르헤스의 단편 「타자The Other」의 첫 문장이다. 1969년 케임브리지에서 일흔의 보르헤스가, 1914년 제네바에 사는 열다섯의 보르헤스를 만나면서 '사건'은 시작된다. 현재와 과거, 현실과 상상, 사실과 기억, 동일성과 타자성의 경계를 넘나들며 보르헤스와 보르헤스가 대화를 나눈다. 일흔의 보르헤스는 말한다. "나의 꿈은 이미 70년이나 지속됐지"라고. 그리고 55년 전의 자기에게 묻는다. "자네를 기다리고 있는 미래이기도 한 나의 과거에 대해 알고 싶지 않나?"라고.

꿈을 지속한다는 건 기억이 기억을, 상상이 상상을, 욕망이 욕망을, 그러니까 사랑이 사랑을 멈추지 않는 일이다. 이것들은 모두 다른 자기를 꿈꾼다. 우리가 꿈꾸기를 지속하는 한, 우리가 자주 다른 자기와 만나는 이유이기도 하다. '사건'과도 같은 이런 꿈꾸기는 살아 있음을 멈추지 않는 일이고 숨쉬기처럼 자연스러운 일일 것이다. 시인이 시 쓰기를 멈추지 않듯이 말이다. 시인 마종기에게 시는, 보르헤스의 70년보다 긴 시간을 지속해온 꿈의 혈족들, 이를테면 사랑과 기억이 이끌어온 사건의 기록이다. 그에게 시 쓰기는 자기라는 실존을 흔드는 사건으로서의 만남을 이해하고 응답하고 해석하는, 자기 지속의 꿈이자 그 꿈의 수단이다. 그래서일까? 그는, 자주, 다른 자기를 만나곤 한다. 이를테면 여든셋의 마종기가 열셋의 마종기를 만난다면?

> 동화사 가는 길에 피어 있던 민들레는
> 아직도 그 큰 바위 옆에 살고 있을까.
> 잘 키운 새끼들 수많은 노란 얼굴이
> 내가 가면 반갑다고 다가와줄까.
> 70년 전 난리통에 점심은 못 먹어도
> 초여름 그 들길에 화사하게 피어 있던
> 들꽃과 바위와 산새 들과 시냇물,
> 그 안에서 자라던 내 어린 희망들이
> 지금도 오순도순 잘들 살고 있을까?
> ―「동화사 가는 길」 부분

시인은 2022년, 대구 팔봉산에 자리한 동화사 가는 길에서 1952년 전쟁 중에 대구로 피란 갔던 70년 전의 자기를 만난다. "아직도 싱싱한 남도의 들길에"서 그는 "열세 살짜리 신문팔이 피란민 학생,/그 신문에 내 동시「동화사 가는 길」"을 떠올린다. 그 길에서 보았던 노란 '민들레'는 어린 마종기의 희망이었을 것이다. 그리고 70년 후, 여든셋 마종기는 열셋의 마종기에게 "연한 초록빛 가슴 뜨거웠던 계획들이/지금은 정말 어디쯤에 살고 있"느냐고 묻는다. 그리고 응답한다. 70년을 "함께 손잡고 살지 않"고 "혼자 잘난 척 뛰어다녔"다고, 이제는 "다시 찾아 나서야겠다"고. 그렇게 '동화사 가는 길'은 기억 속 과거의 끝이 아닌, 새로운 이야기의 시작점이 된다. 그렇게 존재의 기원을 품은 장소이자 새로운 현실을 낳는 장소가 된다. 이 시를 쓰게 했던, 열세 살의 마종기가『영남일보』(1952년 5월 24일자)에 발표한「동화사 가는 길」은 어떠했을까.

> 푸른 풀 담뿍 난
> 편편한 들길
>
> 곰보 바위 하나가 우뚝 섰을 뿐
> 아무 소리 없이 거기 있네.

산새가 호옥 그 위로 날아가고
시냇물의 소리가 흔들릴 뿐

언제나 같은 날이
지나가는데

곰보 바위 그 밑에
노란 꽃 하나.

민들레 꽃송이
혼자 나왔네.

—「동화사 가는 길」 전문

"아무 소리 없이" 그 자리에 우뚝 선 "곰보 바위 하나" 밑에, "혼자 나"와 있는 작은 "민들레 꽃송이"는 열세 살 마종기의 자화상이다. 피란길에 오른 현실을 고려한다면, 산새가 날고 시냇물 소리 들리는 "푸른 풀 담뿍 난/편편한 들길" "언제나 같은 날이/지나가"는 평온한 그 길에 오롯하게 피어 있던 '노란 민들레'는 어린 마종기가 보았던 희망이자 꿈이었을 것이다. 어쩌면, 70년 후에 같은 제목의 다른 시를 쓰게 될 여든셋의 자기에게 건네는 시참(詩讖)인 듯도 하다.

「동화사 가는 길」에서 다시 「동화사 가는 길」을 지나,

70년보다 더 길게 지속해온 시인의 시력(詩歷)과 시심(詩心)을 얘기하고 싶었다. 그리고 문득 떠오르는, 요나스 메카스. 마종기의 시 쓰기가 메카스의 16밀리 흑백 '필름 다어어리'와 겹쳐졌기 때문이다. 리투아니아 출신의 미국 영화감독이자 시인이기도 했던 메카스는 전쟁과 수용소에서의 경험, 이민자의 일상, 고향 상실과 향수와 고독, 가족이나 친구 들과의 예술적 교류 그리고 새로운 세계에 대한 경이의 순간순간을 카메라로 기록했다. 리투아니아를 한국으로, 수용소를 감방으로, 카메라를 시로 바꾼다면 이는 마종기의 시 쓰기와도 맞닿는다. 그러니 두 사람에게는 기억을 재구성하는 사건으로서의 기록이 일과이자 꿈이었던 셈이다.

이처럼 몸과 마음이 가닿는 곳에서 대상을 발견하고 그 대상으로부터 기억을 불러들이는 일은 마종기 시에서 사건이 발생하는 지점이다. 세계와의 마주침을 통해 미처 알지 못했던 것, 잘못 알고 있었던 것, 지나온 후에야 선명해지는 것 들을 복기하고 이해하며 해석하고 기록하는 과정이 그의 시 쓰기인 셈이다. 기억의 기록인 동시에 내면화한 사건의 기록이랄까.

> 군의관이었던 신나게 젊었던 시절
> 혁대도 계급장도 구두끈도 다 빼앗기고
> 헌병 앞에서 수갑 차고 포승에 묶여

쓰레기같이 욕먹으며 산 어두운 감방
내가 기댈 희망의 끈은 한 줄도 없었다.

[……]

그래, 네 말이 맞다. 최근에는
죽기 전에 국적을 회복하고 싶어
이 구청 저 주민센터에 서류 제출하고
법무부 무슨 국에는 명예를 찾겠다며
내 간절한 이유도 길게 열심히 썼었다.
—「바람의 이름으로」부분

    청년 마종기가 겪어야만 했던 고국에서의 국가 폭력, 반세기를 이국땅에 살면서 일궈낸 의사 시인의 삶 그리고 은퇴 후 그의 바람이 된 국적 회복의 과정을 '바람의 말'을 빌려 사랑하는 아들에게 전하는 시다. 궁지에 몰리고 곤경에 맞닥뜨릴 때마다 사랑과 꿈과 희망에 매달렸던 선명한 기억의 기록이다. 그러므로 "내가 시인이었을 때" "그러다 내가 아직 시인이었을 때" "내가 한때 시인이었을 때" "내가 오색 풍선 날리는 시인이었을 때" "그래서 긴 고통을 이긴 시인이었을 때"(「내가 시인이었을 때」)로 요약되는 70년보다 더 긴 그의 시력은, 소년 마종기가 지속해온 꿈과 그 꿈의 역사라 할 수 있다. 소진할 수밖에 없는 운명이 다 소진될 때까지 꿈(의 혈족들)을 지속해야 하는 시인의 운명을 역설하듯. 그의 시가 노년과 소년과 청년이 한 몸처럼 연결되고 겹쳐지는 이유다.

2. "안 보이는 것은 보이는 것의 어머니"(「눈에 대한 소견」)

마종기 시를 향한 나의 사랑은 『안 보이는 사랑의 나라』(문학과지성사, 1980)에서부터 시작된다. 그 사랑의 뿌리는 새들처럼 이 땅을 뜨고 싶었던 1980년대에 이십대를 보내면서 느낀 시대를 향한 부채 의식과 그에 대한 반대급부로서의 선망으로 뻗었으리라. 떠날 수밖에 없었던 고국에 대한 애틋함, 시인의 부재로 커갔던 시적 후광, 실제 시인을 만났을 때 사람과 시가 다르지 않다는 신뢰 또한 다른 뿌리가 되었다. 물론 가장 실한 뿌리는 우리 시단에 귀한 자리를 차지하는 '마종기표 시'의 투명하면서도 진정성 있는 시적 울림이었다. 그러므로 이 글은 마종기 시를 사랑하는 오랜 독자의, '마종기 시 독자-되기 경험담'이자 '마종기 시 사용 설명서'가 될 것이다. 시인의 열세번째 시집 『내가 시인이었을 때』야말로 마종기 시의 총체라 이를 만하니 더욱 그러하다.

"안 보이는 사랑의 나라"의 시민 되기. 마종기 시에 입문하기 위한 우선 조건이다. 그의 시에는 '보다'나 '눈'이라는 시어가 빈번히 등장한다. 그는 보이는 것 너머 혹은 말 이전의 것으로부터 눈으로 볼 수 없는 시적 진실을 찾고자 한다. '안 보이는' 것이 보이기 시작하는 순간들을 시로 쓴다. 그때마다 숱한 '너(그대/당신)'가 반복적으로 등장한다. 먼저 세상을 떠난 부모님과 동생들을 비롯해 아내와 아이들과 친구와 이웃에 이르기까지, 특정 인물과 장소, 시간과 예술 그리고 시와 신(神)을 넘나드는 이 모든 대상은 시인이 평생을 사랑했던 대명사로서의 타자들이다. 부재하지만 현존하고, 가까이 있지만 쉽사리 펼쳐볼 수 없는, 안 보이는 기미와 징후로 켜켜이 쌓여 있는 대상이기도 하다. 그런 의미에서 '너'에게 끊임없이 말을 건네는, 그런 사랑과 그 기억의 자리가 마종기의 시의 주소라 할 수 있다.

> 누구였지, 눈이 있어 보이는 게 아니고
> 마음이 눈에 없으면 보이지 않는다고
> 보이지 않으면 시간도 가지 않는다.
> ―「눈에 대한 소견」 부분

위 시는 "눈 오는 풍경"을 보며 '눈[眼]'과 연관된 천수천안관세음보살, 조카, 어머니를 향한 긴 상념을 담고 있다. 시인은 "보이는 것만 믿는 것은/처음부터 인식의 폭력"이라고 단언하면서, 단지 신체 기관으로서의 '눈'이 아닌 "모든 아름다움을 흡수"하는 시력으로서의 눈, 그러니까 귀와 코와 마음으로 보는 '눈에 대한 소견'을 풀어낸다. 다른 시에서도 그는 "보이지 않던 것이 보이고/움직이지 않던 것이 움직"(「흰나비의 증언」)이는 순간들에 주목한다. "눈에 보이지 않는다고 다 끝났다고 단정할 수는 없"고 "만나지 못할 것은 없겠다"(「잡담 길들이기 24」)고 하고, 심지어 '당신'은 "보이지 않는 존재가 되어야만/자유로워진다고 타이르"(「눈에 대한 소견」)기도 한다.

안 보이는 것을 보기 위한 그의 고군분투는 시력 내내 한결같았다. 그는 풍경·상황 묘사 → 기억 소환 → 자각 및 해석의 구조를 바탕으로, 가시적인 시공간에 비가시적인 꿈의 혈족들을 담아낸다. 물리적인 풍경·상황을 감정, 감각, 진실, 절실 등의 내면 공간으로 전회하면서 그는 본다. 세상 많은 것을 귀 기울이면서 보고, 복기하면서 보고, 반성하고 기도하고 희망을 다짐하면서 본다. 이 한결같음은 깊고 아름다운 안 보이는 것의 감각에 집중하려는 시적 의지의 발현일 것이다. 그는 보이는 마주침의 순간을 안 보이는 기억으로 내면화해 그 순간을 유예하고 지속하는 일이 시의 고유한 힘이라고 믿는 듯하다. 그리고 우리에게 이렇게 말을 건네는 듯하다. '안 보이는 것'을 보는 내가 없다면 나는 어떻게 나에게 닿을 수 있을까,라고.

기꺼이 외로움과 친구 되기. 마종기 시는 때로 고해성사 같고 때로 기도 같다. 그가 독실한 가톨릭 신자라는 점도 이와 무관하지 않을 것이다. 한 시인과의 대담에서 그는 "내 시에 원천이 있다면 그것은 어쩔 수 없이 내 환경, 다시 말해 고국을 떠나 오래 살고 있다는 것, 그런 거창하고 거역할 수 없는 운명이 내 시의 맨 밑바닥에 도사리고 있다는 것이겠지요. 그러니 할 수 없이 원초적인 그리움 같은 것, 외로움 같은 것이 배경이 될 수밖에 없고, 그리고 그런 환경에서 살아남겠다고 스스로를 위로하는 수단으로 내 시가 내게 존재하는 것이라고 믿습니다"(『열린시학』 2008년 가을호, p. 26)라고 고백한 적이 있다. 이번 시집에도 외로움의 맨살이 선연하다. 외로움의 뿌리인 '너'들, 특히 피붙이들의 상실을 가감 없이 진술하며 '너'들에게 말을 건넨다. 그 말 건넴은 자문자답하면서 확장되는데 이때 발화자의 여러 목소리가 등장한다. 자분자분하면서도 극적인 이런 목소리들은 '너'들의 상실로 인한 외로움을 위로하려는 자신을 향한 말 건넴일지도 모른다. 결과적으로 고백이자 독백이자 방백에 가까워지며 그의 원초적인 외로움을 증폭시키는 역설적 효과를 자아낸다.

> 몸속까지 풍족해지는 오랜만의 이 온기는
> 지금 내가 외롭다는 것인가, 아니면
> 슬픔도 나이가 들면 위안이 된다는 것인가.
> (혹 내 슬픔도 나중에 누구의 위로가 될까)
> 통증이 부드러운 포옹이 되는 이 땅에서

부서져 흩어지고 만 사연을
이제야 소중하게 네게 보낸다.
—「후기 현악사중주」 부분

위 시는 루트비히 판 베토벤의 말년 작품을 시의 제목으로 차용하고 있다. 현악사중주는 교향곡에 비해 규모는 작지만 순수하면서도 심오한 음악 양식으로 향유되어왔다. 특히 베토벤의「후기 현악사중주」는 고난이도 연주와 함께, 죽음을 앞둔 고독한 내면의 불확실성과 모호함을 탐색하는 고백성을 특징으로 한다. 마종기는 베토벤의 현악사중주를 들으며, 베토벤 혹은 '너'를 향해 자기 말년성을 고백한다. 인용된 마지막 연만 봐도 객관적인 서술과 자문의 목소리가 뒤섞여 극적인 긴장감을 띤다. 시인은 얼마나 다양하게 혼잣말을 할 수 있는지를 실험하듯, 여러 목소리를 다채롭게 잇대고 있다. 그러나 '너'를 특정하지 않았다는 점에서 독백적 진술에 가깝다. 이때 '너'를 향해 흔들리는 시적 주체의 정동이 느껴지는데, '너'로 호명되는 대상들과의 공감을 위한 말 건넴의 화법이자 궁극적으로는 자기 자신을 감싸안는 위로의 발화 방식이라 할 수 있다.

장소를 잃은 여행자 되기. 여행의 트라이앵글은 장소와 날씨 그리고 사람이다. '늘 여행자'였던 디아스포라 마종기도 이 트라이앵글을 자신의 시에서 거푸집으로 삼는다.

이십대 후반에 고국을 떠나 뉴욕에서 카메라로 '새로운 고향'을 찾고자 했던 메카스는 자신의 정체성을 '장소를 잃은 사람(displaced person)'이라 규정했다. 자신이 기억하고 사랑했던 장소를 상실하거나 떠날 수밖에 없었던 마종기 역시 오하이오주의 한 중소 도시에서 시 쓰기로 '새로운 고향'을 찾고자 했다. 마종기 시에서 '잃어버린' 장소는 단순한 배경이 아니라 삶의 서사와 기억의 흔적이 얽혀 있는 상실과 애도의 대상이었다.

이번 시집에 언급된 시 제목만 해도 백두산, 아바타, 와온해변, 고군산군도, 아르헨티나, 하나개 등이 있다. 시 본문에는 충남 당진, 대야면 임피, 구례는 물론 해변, 나라, 길, 마을, 과수원 등이 소환된다. 현재의 "늦가을 전라도 순천만"과 과거의 "미국 동북부 뉴저지주 해변"(「해변의 디아스포라」)에서 '억새'를 매개로 장소를 중첩시켜 시간의 지속성을 확인하기도 한다. 또한 사순절, 겨울, 기일, 입동, 하루, 아침, 만년, 글피나 그글피 등 시간을 구체화시켜 드러낸 시 제목도 많다. 그는 시에서 특정 장소와 특정 날씨를 지정하곤 하는데, 이러한 시공간은 기억의 원천으로서의 '너'의 상실과 그 부재로 인한 정동을 증폭시키는 기폭제 역할을 한다.

    요즘은 그 산골에 겨울이 와서
    눈이 내리겠구나.

잘 갔지?

언 손으로 만드는 아침이

제발 주름지지 않기를.

아침이 하늘을 연다.

네가 밤새 씻어놓아서

환하게 잘 보이는구나.

겨울이 깊었는데도

모두 건강해 보인다.

잘 잤니?

—「아침의 발견」 부분

위 시의 화자는 "인적 드문 산촌"에서 세상을 떠난 "하나뿐인 누이"와의 기억을 떠올리며 안부를 건네고 있다. 지난여름 산촌에서 만났던 능금나무 한 그루와 어느 겨울 아침이, 부재하는 누이와의 소통에 촉매 역할을 한다. 이처럼 그의 시는 장소와 날씨로 씌어진다고 해도 과언이 아니다. 장소와 날씨의 발견을 시의 사건이나 정동 구축의 밑돌로 삼기 때문이다. 그때 그곳에 '너'들은 늘, 바람처럼 깃들곤 한다.

그의 여행은 예술 작품이나 텍스트 영역으로도 확장된다. 앞서 언급한 「후기 현악사중주」는 물론이고, 브람스(「모기의 날」)나 탱고/반도네온(「아르헨티나 무지개」) 등도 시 속의 주요 오브제다. 음악뿐만이 아니다. "당대의 화가 구스타프 클림트는 왜/정신 부실한 에곤 실레를 좋아했는지./그래서 젊은 천재 화가 에곤 실레는/바람둥이 클림트를 정말 존경했을까./미국 시인 카를로스 윌리엄스는 왜/마약쟁이 거지 긴즈버그를 좋아했는지./천재 시인 앨런 긴즈버그는 왜/의사 시인 윌리엄스를 끝까지 존경했는지"(「하나개 바람」)에서처럼 화가와 시인을 즐겨 호명하기도 한다. 이렇듯 장소와 날씨 그리고 예술로의 여행은 마종기 시인의 시적 정체성을 되비추는 거울 역할을 한다. 현재에 과거를 되비추면서 '너'의 기억과 그 부재를 끊임없이 사건화한다. 바라보는 자, 맞닥뜨린 자의 내면을 고스란히 비추기 때문이다. 그는 그렇게 여행을 통해 자기를 찾으며 거듭해서 시를 쓴다.

밑줄 칠 연필을 준비하기. 마종기 시가 시공간을 내면으로 전회하면서 사건화한다는 건 앞서 얘기했다. 그 사건화에 압정 역할을 하는 게 아포리즘(적 자문자답)이다. 마종기표 '투명한 묘사' 혹은 '산문적 진술'에 시적 통찰의 무게를 주는 아포리즘은 그의 시에 마술적인 힘을 발휘한다.

    그래 그것뿐이다. 우리는 사랑이란 게
    보이지도 만져지지도 않는다는 걸 몰랐다.
                          —「동생의 기일」 부분

    정의는 아무 데서나 몇 푼에 판다는 것을

아픈 목을 만지면서 모두 배웠다.
그 후로 나는 정의란 것을 믿지 않았다.
—「통증의 기원」 부분

위와 같은 아포리즘은 시집 어디를 펼쳐도 쉽게 찾을 수 있다. 그는 간명한 아포리즘으로 경험을 압축하고, 기억을 매개하며, 인식을 전환하고, 감정을 응축한다. 안 보이는 사랑을, 사랑의 책임과 의무를, 그로 인한 외로움과 그리움의 근원을, 삶의 고통과 그 의미를 자신만의 언어로 재정의하려는 시적 욕망의 발현인 것이다. 그는 늘 삶과 세계를 향해 자문하고 자답을 구해왔으며, 삶과 세계를 이해하고 그 기억을 살피고 해석해왔다. 어떤 기억은 왜 잊히지 않는지, 또 어떤 기억은 잊지 않은 채 어떻게 살아내야 하는지에 대한 시적 성찰이자 의지의 소산이기도 할 것이다. 이는 그가 시 쓰기를 통해서 삶에 가해진 고통과 폭력을 기억하고, 삶의 변화와 존재 이유를 찾으려는 윤리적 시인이자 구도적 시인이라는 방증이 아닐까. 나직하면서 단정한 그의 아포리즘은 자기 자신을 위로하는 데서 더 나아가, 그의 시를 읽는 사람의 공감과 동의를 끌어내는 힘을 발휘한다.

3. "나비는 누구의 신음을 들은 걸까"(「흰나비의 증언」)

사랑, 외로움, 그리움, 죽음 그리고 축복과 희망…… 당신은 안 보이는 어떤 것들을 볼 수 있는가? 오롯이 견뎌낸 고통의 시간을 얼마나 떠올릴 수 있는가? 도망의 연속이기도 할, 쉼 없는 여행에서 어떤 동행자가 될 것인가? 그리고 이 한 편의 시에서 당신은 얼마나 많은 문장에 밑줄을 긋게 될 것인가? 여기 『내가 시인이었을 때』의 가편(佳篇) 중 하나로 기록될, 마종기 시 사용 설명서의 교본으로 삼을 만한 시가 있다.

> 젊었던 날에는 햇살이 더 밝았다.
> 밝아서 모든 게 잘 보이지 않았다.
> 보이지 않아서 아무 데나 누웠다.
> 밤이 되어도 초목은 잠들지 않고
> 우리의 장래를 걱정하고 있었다.
> 정작 우리는 사는 것이 힘들고 피곤해
> 어디에 누워도 깨어나지 않기를 바랐다.
>
> 그리운 곳은 다 변해버렸다.
> 껍질을 벗지 못한 옛 모습의 몸은
> 모두들 떠난 것을 이제야 눈치챈다.
> 왜 모든 병이 창백한지를 배운다.

식물도 기억력이 있다는 중얼거림
숨어서 내 독백을 들어주는 이가
언제부턴가 주위에 있다는 걸 느낀다.

갈 곳이 없을 때는 차라리 혼자가 되어
언 땅에 머리 놓고 팬데믹을 친구 삼을까.
그래도 입안 가득 목마름은 살아 있구나.
목마름이 없으면 멀리 볼 수도 없으니
다음 생이 기다리는 것도 볼 수 없으니,

그럼 누가 제일 오래 견뎌낸 거지?
대한을 지나 돌아오는 봄날의 감촉,
아내를 피하고 아들을 피하고 나를 피하고
모두가 모두를 피해 도망만 다니다가
막다른 골목에서 만난 이 아침의 포옹.
너와 나 사이의 축복이고 희망인가.
기죽지 않고 감싸는 봄의 넓은 품인가.
수많은 추운 바람이 죽음들과 헤어지고
화해하는 사순절의 밝은 목소리가
고난의 시간을 지나 우리에게 오는구나.
　　　　　　　　　　—「그해의 사순절」 전문

"막다른 골목"과 '사순절 아침'이라는 특정 시공간, '보이지 않다'와 (멀리) '보다', '그립다' '변하다'와 '떠나다' '기다리다'라는 술어의 지향성 그리고 "기억력" "독백" "혼자" "도망" "밝은 목소리" 등의 주제어…… 마종기 시를 지탱하는 중심 시어들이 행렬처럼 이어지는 시다. 그뿐만 아니라 형식과 정동, 시적 태도와 지향성 역시 마종기 시의 정수를 보여준다. 사순절은 예수의 고난과 부활을 묵상하며 약 40일 동안 참회, 금식, 기도로 지내는 기간이다. 팬데믹의 어느 사순절에 시인은 예의 자분자분한 고백의 목소리로 "오래 견뎌낸" 고난의 시간을 묵상한다. 십자가에 못 박힌 예수가 부활을 이루어내셨듯, 마종기도 겨울밤에서 봄날 아침의 포옹을 일궈내고 고난의 시간에서 축복과 희망과 화해를 읽어낸다. "사는 것이 힘들고 피곤해/어디에 누워도 깨어나지 않기를 바랐"던 젊은 날과 "모두들 떠"나간 중년의 삶을 거쳐, "갈 곳이 없을 때"가 된 팬데믹(으로 비유된) 노년에 이르는 인생의 고백담이 한 편의 독백극처럼 펼쳐진다. 애써 미문을 만들지 않는 마종기표 담담한 목소리로.

이 시에도 진술적 목소리로 시작해서 마지막 연에서는 다채로운 말 건넴의 목소리들이 중첩되고 있다. 이러한 목소리의 전환 혹은 중첩은 기억과 사실을 잇대는 역할을 한다. 앞선 진술이 다음 진술에서 분절되는가 하면 그다음 묘사에서 다시 이어진다. 제시된 이미지가 다음 서사로 이어지는가 하면 그다음의 묘사나 서사에서 곧바로 비약하거나 변모한 시공간으로 탈바꿈한다. 유사하게 혹은 인접하게 행 단위 혹은 연 단위로 촘촘히 쌓아가면서 시인의 내면 깊숙이 내재해 있던 삶의 장면들이 재발견된다. 이 재발견의 디딤돌 역할을 하는 게 한두 행 건너 밑줄을 긋게 하는 아포리즘이다. '그리운 곳은 다 변한다' '모든 병은 창백하다' '식물도 기억력이 있다' '갈 곳이 없을 때는 혼자가 된다' '목마름이 없으면 멀리 볼 수 없다' 등의 아포리즘을 디딤돌 삼아 쌓아 올렸기에, 마지막 연의 "막다른 골목에서 만난 이 아침의 포옹"에 편안히 스며들게 된다. 사순절과 팬데믹을 중첩시키면서 시인이 지나온 고난의 시간을 파노라마처럼 풀어내는데, 이로써 목마름과 기다림을 동반하는 시인의 원초적 외로움의 깊이가 확장된다. 무엇보다 밝을수록 잘 보이지 않고, 목마를수록 멀리 보게 하고, 추운 바람일수록 더 밝은 화해의 목소리로 온다는, "봄의 넓은 품"을 일궈내는 그 역설적 통찰이 눈부시다. "고난의 시간을 지나 우리에게 오는" "밝은 목소리"가 그러할 것이다.

  마종기 시는 힘이 세다. 그 힘은 "고난의 시간"을 오래 견디며 제 희망을 일궈낸, 그렇게 꿈을 지속해온 기억에서 비롯된다. 기억이, 사실보다 더 많은 사실을, 진실보다 더 많은 진실을 말할 수 있다고 믿는 데서 나오는 힘일 것이다. 이때 기억은 자신의 정체성을 되비추는 시적 장치가 된다. 보이는 것에 자신의 기억을 되비춤으로써 안 보이는 것을 보려는 시인의 시적 의지가 반영된 결과일 것이다. 그런 기억의 기록이 바로 그의 시 쓰기 과정이자 꿈꾸기의 실천 방식이다. 쓰고 또 쓰면서 그의 시적 주체는 타자·시간·장소와의 동일성을 회복하고, 이를 토대로 독자와의 공감과 연대를 가능하게 한다. 그런 의미에서 세계와의 지속성·정체성·동일성을 향한 그의 시적 탐구는 21세기에도 여전히 유효한 서정시의 역능일 것이다.

4. "꿈꾸고 희망했던 바로 그대로"(「아바타를 떠나며」)

앞서 언급한 「타자」와 짝을 이루는 「1983년 8월 25일」이라는 단편에서 일흔의 보르헤스는 여든넷의 보르헤스를 다시 만난다. 미래의 자기 주검을 확인한 일흔의 보르헤스는 이렇게 쓴다. "나는 맥이 풀린 채로 베개 위로 몸을 구부렸으나 거기에는 아무도 없었다. 나는 방에서 도망쳐 나왔다. [……] 밖에서는 또 다른 꿈들이 나를 기다리고 있었다"(『셰익스피어의 기억—보르헤스 전집 5』, 황병하 옮김, 민음사, 1997)라고. 우리는 미래의 죽음과 함께 사는 존재다. 우리라는 자기가, 우리라는 다른 자기를 꿈꾸는 이유일 것이다. 보르헤스가 그러했고 마종기가 그러했듯, 우리가 시를 쓰고 시를 읽는 것은, 보이는 것에서 안 보이는 것을 꿈꾸기 위함이다. 다른 자기, 그러니까 안 보이는 자기를 꿈꾸는 동안 우리는 비로소 '나'가 되고 나의 '꿈' 그 자체가 될 수 있기 때문이다.

> 아, 이제야 몸과 영혼이 함께 사는
> 내 본체로 돌아가는 것이구나.
> 내가 살고 싶었던 대로
> 꿈꾸고 희망했던 바로 그대로.
> 그래, 그러면 그렇지,
> 나는 아직도 내가 아니었구나.
> ―「아바타를 떠나며」 부분

'본체'로서의 '나' 됨을 성찰하는 시다. 보이는 것들의 장관인 컴퓨터그래픽 '아바타 쇼'를 보며, 영혼은 딴 데 두고 몸으로만 살았던 반쪽의 삶, 아바타의 삶을 자각한다. "평생이 계속 이상했어" "내가 있을 곳이 아닌 것 같았어"라는 토로와 "나는 지구라는 행성에서 아직까지 누구의 분신으로 살았단 말인가?"라는 자문은, 마종기 시에 내포된 위로와 구원의 가능성을 한껏 끌어올린다. 그 정점에 "몸과 영혼이 함께 사는/내 본체로 돌아가는" 삶, "내가 살고 싶었던 대로/꿈꾸고 희망했던 바로 그대로" 사는 삶이 자리한다. 본체로서의 나, 그러니까 시인 마종기를 지속해 내는 꿈인 동시에, 그의 기억, 그의 거울, 그의 시가 도달하게 될 미래이기도 할 것이다.

「타자」에서 1969년의 보르헤스가 1914년의 보르헤스에게 건넸던 말을 전유해, 「동화사 가는 길」에서 만난 여든셋의 마종기가 열세 살 마종기에게 건넸을 말을 상상해본다. "나로서는 앞으로 자네가 쓸 책이 몇 권이 될지 알 수 없다네. 다만 아주 많으리라는 것은 알고 있지. 자네는 먼 이국땅에서 존경받는 의사가 되고, 자네가 떠난 고국에서는 사랑받는 시인이 될 걸세, 자네 부친처럼 자네 역시 많은 글을 쓰게 될 테고. 다른 사람이 가질 수 없는 즐거움을 자네에게 줄 시와 산문을 쓰게 될 걸세. 자네가 살아낼 역사에 대해 말하자면……"